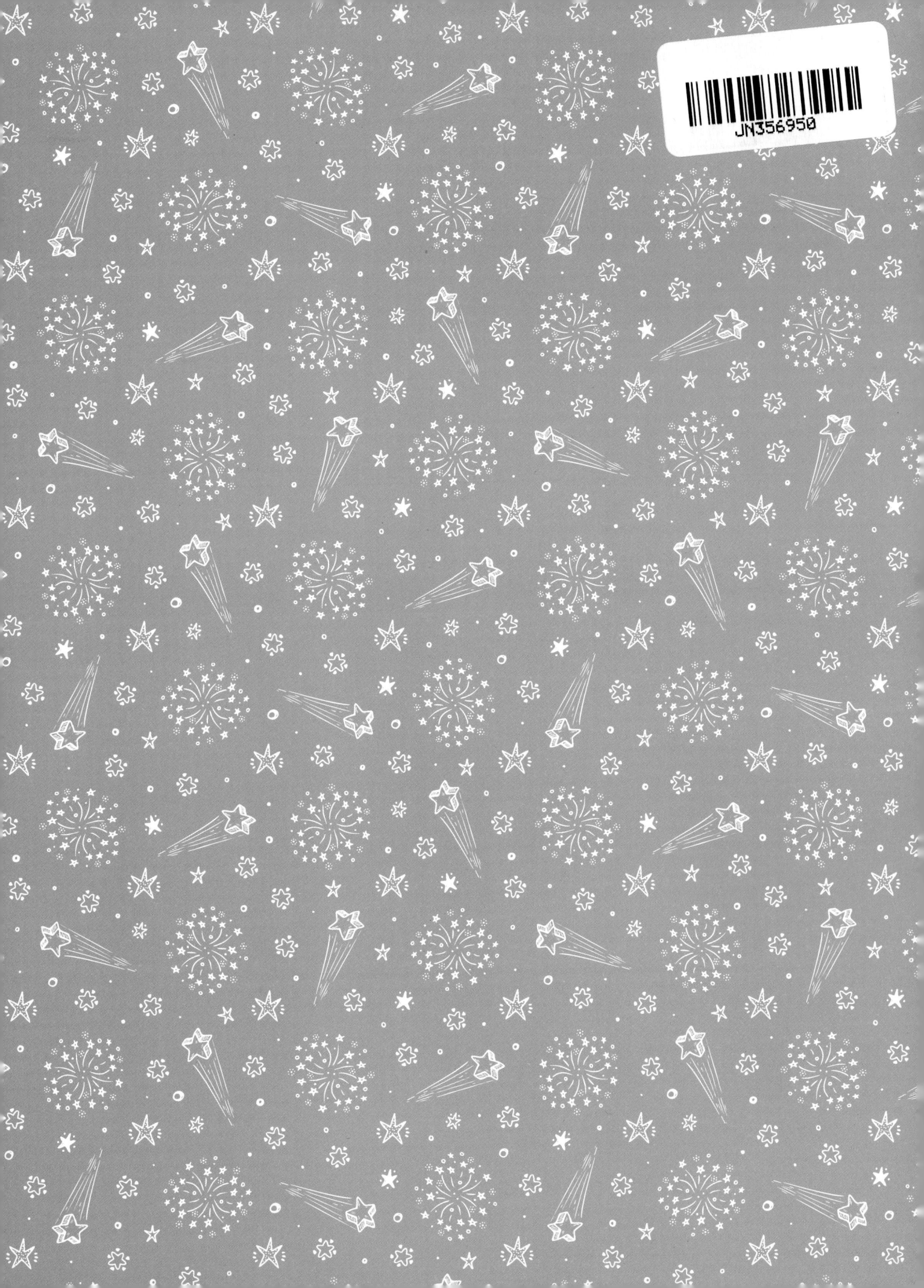

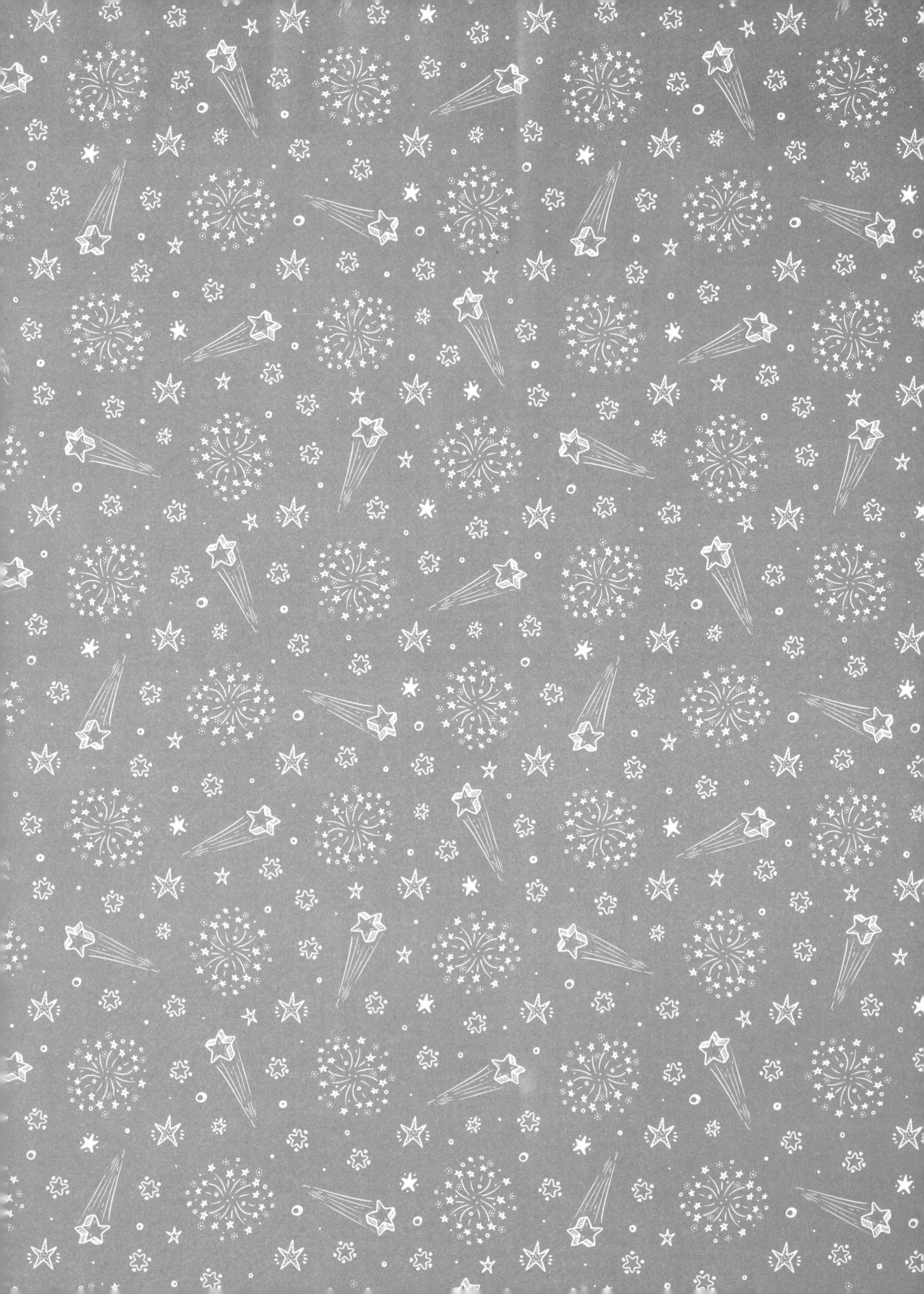

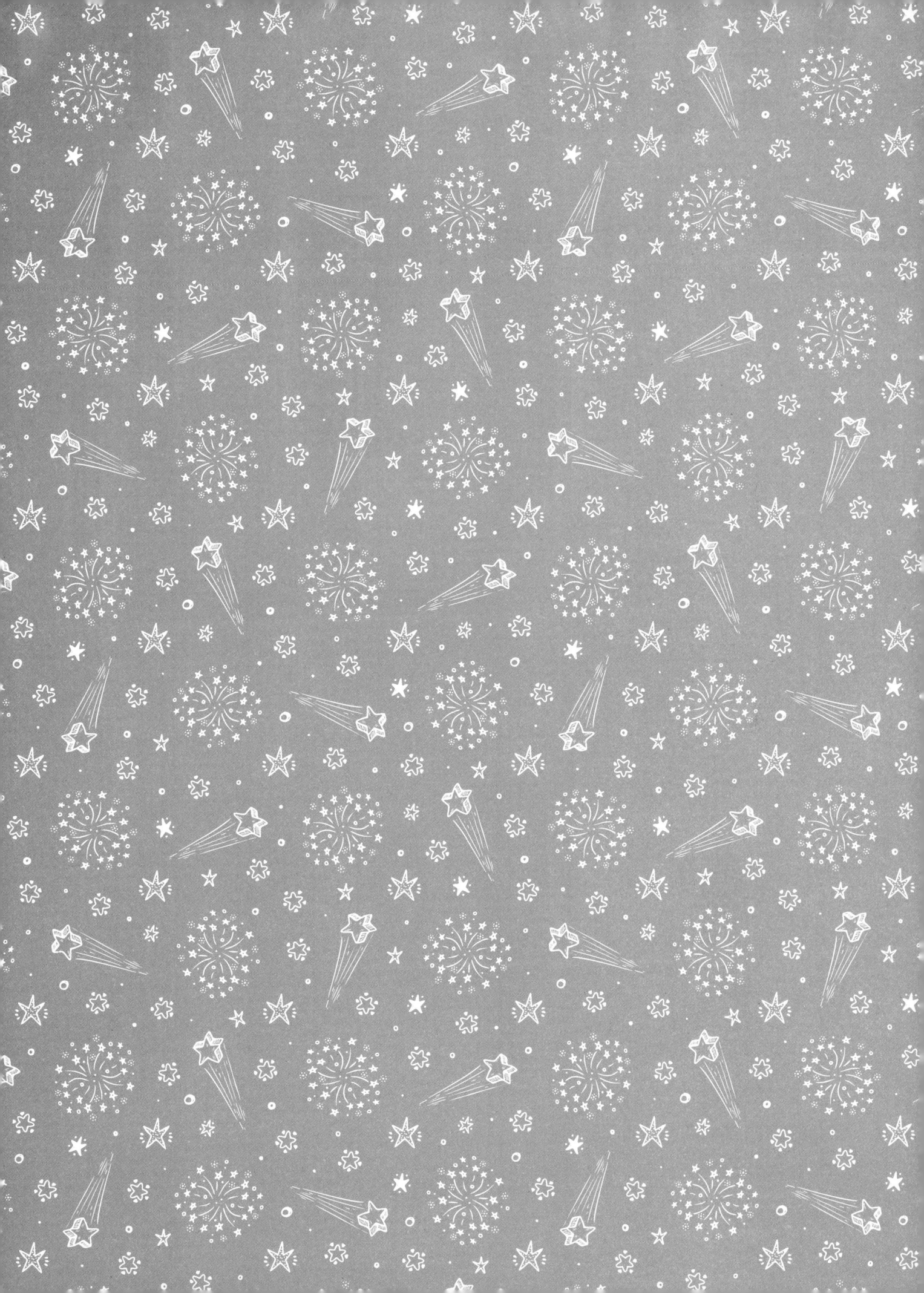

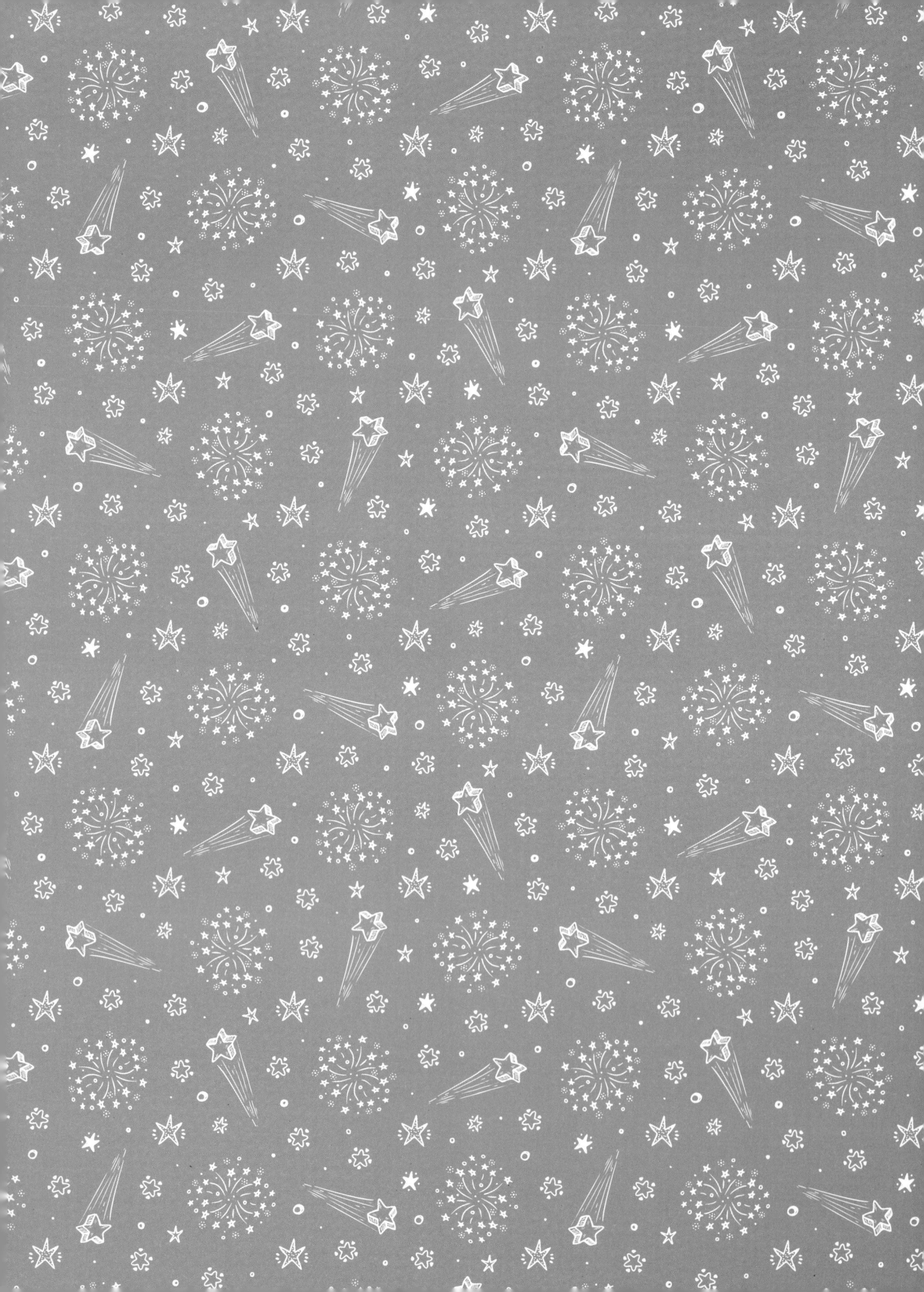

학교 수업이 즐거워지는
엔트리 코딩

Copyright @ 2017 by Youngjin.com Inc.
1016, 10F. Worldmerdian Venture Center 2nd, 123, Gasan digital 2-ro, Geumcheon-gu, Seoul, Korea 08505
All rights reserved. No part of this book may be reproduced or transmitted in any form or by any means, electronic or mechanical, including photocopying, recording or by any information storage retrieval system, without permission from Youngjin.com Inc.

ISBN 978-89-314-5628-8

독자님의 의견을 받습니다.
이 책을 구입한 독자님은 영진닷컴의 가장 중요한 비평가이자 조언가입니다. 저희 책의 장점과 문제점이 무엇인지, 어떤 책이 출판되기를 바라는지, 책을 더욱 알차게 꾸밀 수 있는 아이디어가 있으면 팩스나 이메일, 또는 우편으로 연락주시기 바랍니다. 의견을 주실 때에는 책 제목 및 독자님의 성함과 연락처(전화번호나 이메일)를 꼭 남겨 주시기 바랍니다. 독자님의 의견에 대해 바로 답변을 드리고, 또 독자님의 의견을 다음 책에 충분히 반영하도록 늘 노력하겠습니다.

등 록 : 2007. 4. 27. 제16-4189호
이메일 : support@youngjin.com
주 소 : (우)08505 서울시 금천구 가산디지털2로 123 월드메르디앙벤처센터2차 10층 1016호 (주) 영진닷컴 기획1팀

파본이나 잘못된 도서는 구입하신 곳에서 교환해 드립니다.

STAFF
저자 홍지연, 안진석 | **총괄** 김태경 | **진행** 정소현, 김민경 | **표지 디자인** 임정원 | **내지 디자인** 최동연, 임정원 | **편집** 박혜영
인쇄 서정바인텍 | **영업** 박준용, 임용수 | **마케팅** 이승희, 김다혜, 김근주, 조민영

엔트리

학교 수업이 즐거워지는

코딩

저자 홍지연, 안진석

머리말 ★PROLOGUE★

학교에서 소프트웨어교육이 시작된다!

 2015개정교육과정의 시행과 더불어 이제 우리나라에서도 2019년도부터 초등학교에서 소프트웨어교육이 시작됩니다. 소프트웨어교육은 단순히 컴퓨터를 잘하는 학생, 높은 코딩 능력을 지닌 프로그래머로 키우기 위한 교육이 아닙니다. 주어진 문제를 해결하기 위해 학생 스스로 자신의 생각을 만들고, 표현하는 과정을 거치면서 미래사회 핵심역량 중의 하나인 컴퓨팅 사고력을 키우기 위한 교육입니다. 실생활에서 부딪히는 문제들을 학생 스스로 컴퓨팅 사고력을 통해 해결해 나감으로써 4차 산업혁명 시대를 주도할 인재로서의 면모와 역량을 함양하게 될 것입니다.

교과수업을 소프트웨어교육과 함께 배운다!

 학생들은 학교에서 많은 교과 지식을 배웁니다. 하지만 그동안 우리 교육은 이렇게 배운 교과 지식을 활용하고 자신의 것으로 만들기 위한 기회가 부족했습니다. 소프트웨어 교육은 컴퓨팅 사고력을 활용해 배운 지식을 직접 사용하고 활용할 수 있는 경험을 제공할 수 있습니다. 이처럼 배운 지식을 활용해 직접 문제를 해결해 보고 새로운 산출물을 만들어보는 경험은 학생이 학습의 주인공이 되고, 실생활에서 부딪히는 문제들에도 역량을 발휘하게 하는 매우 중요한 과정이라 할 수 있습니다. 이 책은 이러한 과정의 중요성을 고려하여 교과 지식들을 주제로 선정하여 문제를 해결하도록 구성하였습니다.

 몇 가지 예로, 학생들은 국어 시간에 인물, 사건, 배경이라는 이야기의 구성 요소에 대해 학습합니다. 그리고 이야기를 직접 읽고 그 속에서 인물이나 사건, 배경을 직접 찾아보거나 이 구성 요소를 모두 넣어 글을 짓는 활동을 합니다. 하지만 여기에 소프트웨어교육을 접목시키면 학생들은 자신이 만든 이야기를 실제 눈으로 보이는 애니메이션 프로그램으로 만들 수 있습니다. 이야기를 만들어 내는 일련의 과정을 절차대로 생각하고 구성할 수 있으며 이를 구현하여 자신이 만들어낸 인물이 눈 앞에서 살아 움직이며, 대화를 하는 장면을 볼 수 있습니다. 이러한 경험은 학생들의 상상력을 키워줄 뿐 아니라 글로 작성할 때 생각하지 못했던 부분까지 생각의 범위를 확장시켜 발전시켜 나갈 수 있습니다.

그동안 우리의 컴퓨터 교육은 기존의 프로그램 사용법을 가르치는 USER교육에 한정되어 있었습니다. 하지만 이와 같은 새로운 소프트웨어교육은 학생들을 생각하고 행동할 수 있게 만드는 MAKER로 자라날 수 있게 합니다. 문제를 해결하기 위해 떠올리는 창의적인 아이디어와 해결을 위한 소프트웨어를 생각할 수 있는 힘, 이것은 우리 미래를 바꾸는 새로운 원동력으로 자리 잡을 것임을 믿어 의심치 않습니다.

이 책은 학생들이 학교에서 배우는 교과 지식이 소프트웨어교육과 접목되어 보다 유용한 형태로 학생들의 사고력 확장에 기여해 줄 수 있으리라 생각합니다. 부디 이 책을 통해 초등학교에서의 소프트웨어교육이 한 걸음 더 발전하기를 기대해 봅니다.

- 2017년 9월 저자 일동 -

- 저자 소개 -

홍지연
한국교원대학교 초등컴퓨터교육과 박사과정에 재학 중이며, 현재 초등학교 교사로서 학교 현장에서 학생들의 사고력을 키우는 교육에 매진하고 있습니다. 〈이야기와 게임으로 배우는 스크래치〉, 〈언플러그드 놀이책1,2〉, 〈Hello! EBS 소프트웨어1,2〉, 〈WHY? 코딩워크북 시리즈〉, 〈호시탐탐 코딩 시리즈〉 등 다양한 도서를 집필하였으며, 교육부 SW교육 선도교사 양성과정 강사, 미래창조과학부 심화연수 강사, KERIS 로봇활용 전문 강사 등으로 활동하고 있습니다.

안진석
경인교육대학원 초등컴퓨터교육을 전공하였으며, 전국의 선생님들과 소프트웨어교육을 비롯한 다양한 교육 및 연구활동에 참여하고 있습니다. 교육부 초등 SW교재〈소프트웨어와 함께하는 창의력 여행〉, 〈WHY? 코딩워크북 시리즈〉, 〈엔트리와 함께 떠나는 교과여행〉, 〈호시탐탐 코딩 시리즈〉 등 SW교육관련 도서를 집필하였으며, 안전교육용 보드게임인 〈우루루〉를 개발하였습니다. 더불어 미래창조과학부와 교육부 SW연수 강사로 활발한 활동을 하고 있습니다.

이 책의 구성 ★ PREVIEW ★

개념 설명하기
어떤 과목과 함께 엔트리를 배우는지와 프로젝트에 필요한 개념을 설명합니다.

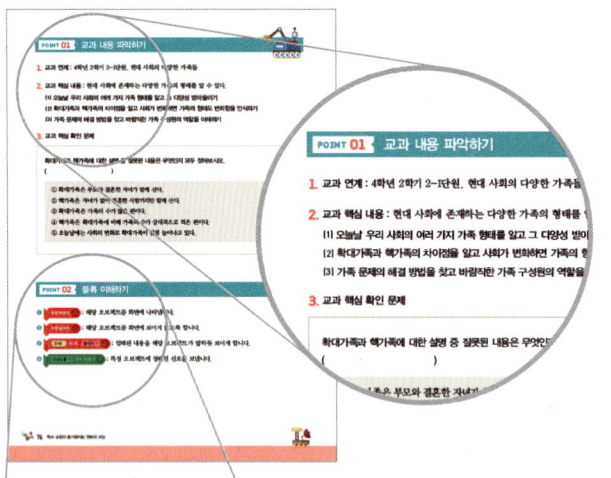

교과 내용 파악하기
연계된 교과의 핵심 내용을 미리 파악해봅니다.

블록 이해하기
프로젝트 완성에 사용될 엔트리 블록에 대해 배우고 이해합니다.

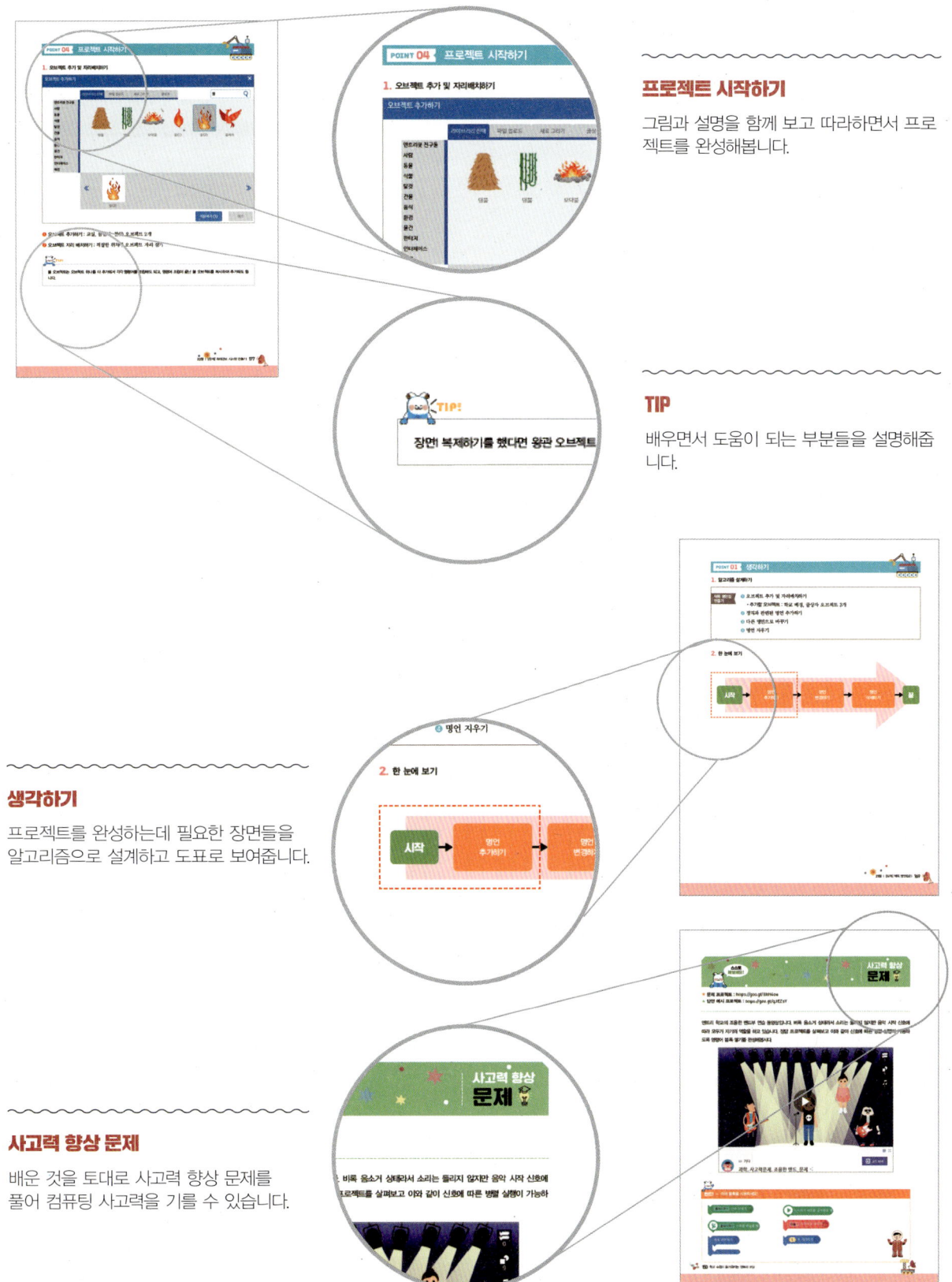

프로젝트 시작하기
그림과 설명을 함께 보고 따라하면서 프로젝트를 완성해봅니다.

TIP
배우면서 도움이 되는 부분들을 설명해줍니다.

생각하기
프로젝트를 완성하는데 필요한 장면들을 알고리즘으로 설계하고 도표로 보여줍니다.

사고력 향상 문제
배운 것을 토대로 사고력 향상 문제를 풀어 컴퓨팅 사고력을 기를 수 있습니다.

이 책의 구성 | 7

이 책의 목차 ★CONTENTS★

1장 [국어] 요술 항아리 010

2장 [국어] 우리말 퀴즈 대회 022

3장 [국어] 광고 만들기(1) 032

4장 [국어] 광고 만들기(2) 039

5장 [수학] 도형 그리기 046

6장 [수학] 그래프로 나타내기 055

7장 [수학] 원 넓이 구하기(1) 062

8장 [수학] 원 넓이 구하기(2) 068

9장 [사회] 다양한 가족 075

10장 [사회] 고조선 건국 이야기(1) 086

11장 [사회] 고조선 건국 이야기(2) 099

12장 [사회] 6대륙으로의 세계여행(1) 108

13장 [사회] 6대륙으로의 세계여행(2) 115

14장 [과학] 식물의 한 살이(1) 122

15장 [과학] 식물의 한 살이(2) 131

16장 [과학] 화산폭발 실험실(1) 139

17장 [과학] 화산폭발 실험실(2) 145

18장 [과학] 바닷가에서 낮과 밤의 바람의 방향(1) 150

19장 [과학] 바닷가에서 낮과 밤의 바람의 방향(2) 157

20장 [도덕] 덕목 명언집(1) 163

21장 [도덕] 덕목 명언집(2) 168

22장 [창제] 화재경보 시스템 만들기 173

23장 [미술] 다양한 글씨와 만나기 183

24장 [음악] 실로폰 만들어 연주하기 191

1장

[국어]
요술 항아리

시작 블록은 어떤 사건이 발생했을 때 특정 동작을 실행시키는 명령어 블록입니다.
시작 블록 중 '신호'와 '장면'과 관련된 블록을 사용해 애니메이션을 만들어봅시다.

 ★ 완성 프로젝트 : https://goo.gl/T5eMa5
★ 프로젝트 확인 : 실행하기 버튼을 클릭해서 완성할 프로젝트를 확인해봅시다.

기타
국어.요술항아리

POINT 01 교과 내용 파악하기

1. **교과 연계** : 4학년 1학기 국어 1단원. 이야기 속으로

2. **교과 핵심 내용** : 인물, 사건, 배경을 생각하며 이야기를 만들 수 있습니다.
   (1) 배경 : 옛날, 어느 마을, 밭, 자기 집 대청마루 등
   (2) 인물 : 농부, 부자 영감, 부자 영감의 아버지 등
   (3) 사건 정리

   > 부자 영감이 가난한 농부에게 돌밭을 판다. 돌밭에서 열심히 돌을 제거하던 농부는 항아리를 발견하게 되는데 이 항아리는 물건을 넣기만 하면 그 물건이 여러 개가 되어 나오는 요술 항아리였다. 요술 항아리 덕분에 부자가 된 가난한 농부를 보고 부자 영감은 요술 항아리를 빼앗는다. 억울한 농부는 원님에게 이 사실을 알리고, 요술 항아리에 욕심이 난 원님은 요술 항아리를 자신이 빼앗아 집으로 가져온다. 요술 항아리를 본 원님의 아버지는 항아리 속을 들여다보다가 항아리에 빠지게 된다. 항아리 속에서 여러 명의 아버지가 나오는 모습을 본 원님은 그때서야 자신의 어리석은 욕심을 후회하게 된다.

3. **교과 핵심 확인 문제**

   이야기의 구성 요소를 모두 찾아보시오. (   )
   ① 인물   ② 사건   ③ 음향 효과   ④ 배경   ⑤ 무대

POINT 02 블록 이해하기

❶ `시작하기 버튼을 클릭했을 때` : 시작하기 버튼을 클릭하면 아래에 연결된 블록들을 실행합니다.

❷ `대상없음▼ 신호 보내기` : 목록에 선택된 신호를 보냅니다.

❸ `장면 1▼ 시작하기` : 선택한 장면을 실행합니다.

❹ `장면이 시작되었을때` : 장면이 시작되면 아래에 연결된 블록들을 실행합니다.

❺ `대상없음▼ 신호를 받았을 때` : 해당 신호를 받으면 연결된 블록들을 실행합니다.

신호를 어떻게 만드나요?

애니메이션을 만들면서 한 오브젝트가 다른 오브젝트를 움직여야 할 때 필요한 것이 바로 '신호'입니다. 즉, 두 오브젝트 간 상호작용이 필요한 것이죠. 신호를 만들려면, 속성 탭에서 신호를 선택한 후 신호 추가 버튼을 클릭하고, 알맞은 신호 이름을 입력하면 됩니다.

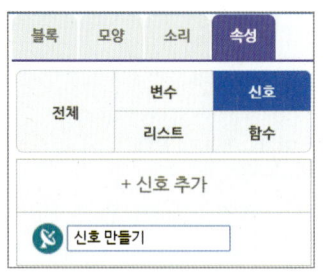

POINT 03 생각하기

1. 알고리즘 설계하기

장면1
1. 오브젝트 추가 및 자리배치하기
   - **추가할 오브젝트** : 선비1(원님 역), 왕관4(금관), 포대자루(항아리), 기와집, 시골 풍경 오브젝트
2. 원님의 대사가 끝나고 금관과 함께 항아리 움직이기
3. 금관이 항아리 속에 들어가자 여러 개의 금관 생기며 다음 장면 넘어가기

장면2
1. 오브젝트 추가 및 자리배치하기
   - **추가할 오브젝트** : 장면1 오브젝트에서 왕관4(금관) 삭제, 할머니(원님 어머니 역)
2. 장면이 시작되며 원님 어머니 대사와 함께 항아리 움직이기
3. 원님 어머니 항아리 속에 빠지고 원님 보이며 어머니 찾기
4. 항아리에서 여러 명의 어머니 나타나며 각 인물 대사하기

2. 한눈에 보기

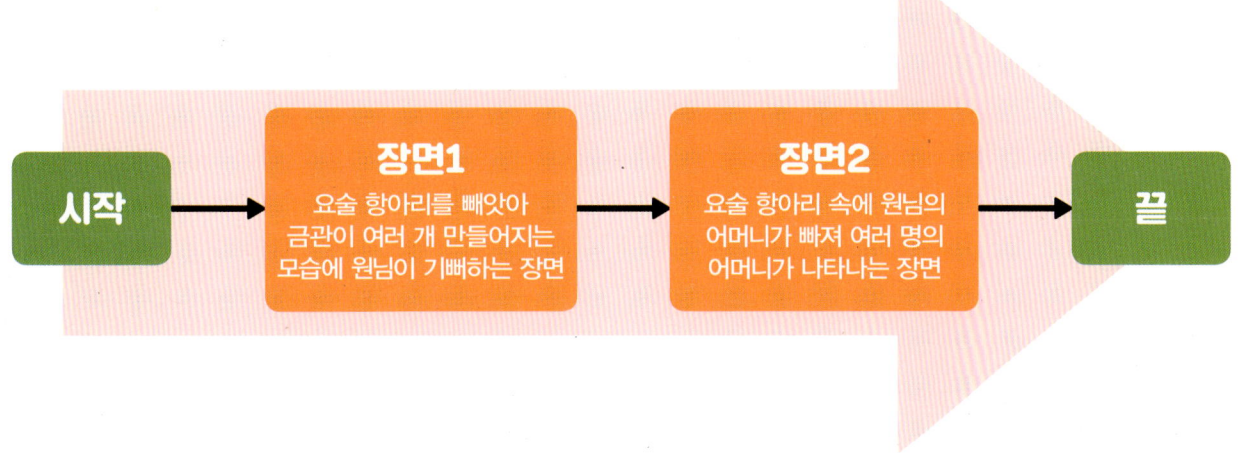

POINT 04 프로젝트 시작하기

<장면1 만들기>

1. 오브젝트 추가 및 자리배치하기

❶ 오브젝트 추가하기 : 선비1(원님 역), 왕관4(금관), 포대자루(항아리), 기와집, 시골 풍경 오브젝트

❷ 오브젝트 자리배치하기 : 이야기에 어울리는 위치에 오브젝트 자리 잡기

> 이야기 속에 나오는 오브젝트가 없는 경우 비슷한 오브젝트로 대신해도 좋습니다.

2. 선비1(원님 역) 오브젝트에 첫 번째 명령어 블록 쌓기

❶ 시작 블록 영역의 〈시작하기 버튼을 클릭했을 때〉 ➡ 생김새 블록 영역의 〈~을 ~초 동안 말하기〉 : '이것이 요술항아리란 말이지? 금관을 넣어봐야겠다!'와 4초 입력하기 ➡ 속성 탭에서 "움직이기" 신호 만들기 ➡ 시작 블록 영역의 〈~신호 보내기〉 블록 연결하기 ➡ 움직임 블록 영역의 〈이동 방향을 ~만큼 회전하기〉 블록을 가져와 연결한 후 180°를 입력하기

❷ 흐름 블록 영역의 〈~번 반복하기〉 블록 속에 움직임 블록 영역의 〈이동 방향으로 ~만큼 움직이기〉 블록 넣고 20만큼씩 3번 반복하도록 각각 입력하기

3. 왕관4(금관) 오브젝트에 명령어 블록 쌓기

❶ 시작 블록 영역의 〈움직이기 신호를 받았을 때〉 ➡ 움직임 블록 영역의 〈이동 방향을 ~만큼 회전하기〉 블록을 가져와 180° 입력하기 ➡ 흐름 블록 영역의 〈~번 반복하기〉 블록 속에 〈이동 방향으로 ~만큼 움직이기〉 블록을 넣고 20만큼씩 3번 반복하도록 각각 입력하기

❷ 흐름 블록 영역의 〈만일~이라면〉 블록을 가져와 판단 블록 영역의 〈~에 닿았는가〉 블록을 선택하여 '참' 조건 자리에 넣기 : 포대자루 선택하기 ➡ 생김새 블록 영역의 〈모양 숨기기〉 블록 넣기 ➡ 흐름 블록 영역의 〈~초 기다리기〉 : 1초 입력하기 ➡ 생김새 블록 영역의 〈모양 보이기〉 블록 연결하기

❸ 흐름 블록 영역의 〈~번 반복하기〉 블록 속에 〈자신의 복제본 만들기〉 블록 넣기 : 반복 값 5 입력하기 ➡ 이 복제본이 무작위 위치에 자리 잡을 수 있도록 움직임 블록 영역의 〈X: Y: 의 위치로 이동하기〉 블록 가져오기 ➡ 계산 블록 영역의 〈~부터 ~사이의 무작위수〉 블록을 가져와 각각 X, Y에 넣어준 뒤 적절한 좌표값을 입력하기 ➡ 속성 탭에서 "말하기" 신호 만들기 ➡ 시작 블록 영역의 〈~신호 보내기〉 블록 연결하기

4. 선비1(원님 역) 오브젝트에 두 번째 명령어 블록 쌓기

❶ 시작 블록 영역의 〈말하기 신호를 받았을 때〉 ➡ 생김새 블록 영역의 〈~을 ~초 동안 말하기〉 블록을 가져와 '음하하~나는 이제 부자로구나~~'와 '가난한 농부에게 빼앗길 잘했군.'을 각각 4초씩 입력하기

❷ 장면1에서 오른쪽 마우스 클릭하여 '복제하기' ➡ 장면2가 시작될 수 있도록 시작 블록 영역의 〈~시작하기〉 블록 연결하기

<장면2 만들기>

1. 오브젝트 추가 및 자리배치하기

❶ 장면2 오브젝트 추가하기 : 선비1(원님 역), 포대자루(항아리), 기와집, 시골 풍경, 할머니(원님 어머니 역) 오브젝트

❷ 오브젝트 자리배치하기 : 이야기에 어울리는 위치에 오브젝트 자리 잡기

> 장면1 복제하기를 했다면 왕관 오브젝트 삭제 후 할머니 오브젝트만 추가하면 됩니다.

2. 할머니(원님 어머니 역) 오브젝트에 첫 번째 명령어 블록 쌓기

❶ 시작 블록 영역의 〈장면이 시작되었을 때〉 ➡ 생김새 블록 영역의 〈~을 ~초 동안 말하기〉 블록을 가져와 '이게 뭐지? 뭐가 들었는지 봐야겠다!'와 3초 입력하기 ➡ 움직임 블록 영역의 〈이동 방향을 ~만큼 회전하기〉 블록을 끌어와 연결한 후 180°를 입력하기

❷ 흐름 블록 영역의 〈~이 될 때까지 반복하기〉 블록을 가져와 판단 블록 영역의 〈~에 닿았는가〉 블록을 넣은 후 포대자루1 선택하기 ➡ 움직임 블록 영역에 〈이동 방향으로 ~만큼 움직이기〉 블록을 반복 블록 속에 넣고 움직임 값 10 입력하기

❸ 흐름 블록 영역의 〈만일 ~이라면〉 블록 속에 〈~초 기다리기〉 블록과 생김새 블록 영역의 〈~을 ~초 동안 말하기〉 블록을 각각 넣고 '앗~ 미끄러워~사람살려~'와 2초 입력하기 ➡ 항아리 속으로 사라지도록 생김새 블록 영역의 〈모양 숨기기〉 블록을 이어서 연결하기 ➡ 속성 탭에서 "나타나기" 신호 만들기 ➡ 시작 블록 영역의 〈~신호 보내기〉 블록 연결하기

3. 선비1(원님 역) 오브젝트에 첫 번째, 두 번째 명령어 블록 쌓기

❶ 시작 블록 영역의 〈장면이 시작되었을 때〉 ➡ 생김새 블록 영역의 〈모양 숨기기〉 블록 연결하기

❷ 시작 블록 영역의 〈나타나기 신호를 받았을 때〉 ➡ 생김새 블록 영역의 〈모양 보이기〉 블록과 〈~을 ~초 동안 말하기〉 블록을 연결한 후 '아니, 어머님 소리가 들렸는데? 어머님은 어디 계시지?'와 '어머님~어머님~'을 각각 4초, 2초씩 입력하기 ➡ 속성 탭에서 "나타나기2" 신호 만들기 ➡ 시작 블록 영역의 〈~신호 보내기〉 블록 연결하기

TIP!

할머니(원님 어머니) 오브젝트가 원님 쪽을 바라보는 모양이 없으므로 모양 탭의 ❶ 모양을 클릭한 후 나타나는 그림판 아래에 있는 ❷ 좌우 회전 버튼을 클릭해 오브젝트의 좌우 방향을 바꿔주고 바뀐 모양을 ❸ 〈파일〉-〈새 모양으로 저장〉을 클릭해서 저장한 후 새로 저장한 모양의 이름을 ❹ 〈아들 보는 할머니〉로 저장하기

4. 할머니(원님 어머니 역) 오브젝트에 두 번째 명령어 블록 쌓기

❶ 시작 블록 영역의 〈나타나기2 신호를 받았을 때〉 ➡ 생김새 블록 영역의 〈~모양으로 바꾸기〉 블록 연결하기 ➡ 〈아들 보는 할머니〉 선택하기 ➡ 생김새 블록 영역의 〈모양 보이기〉 블록 연결하기

❷ 흐름 블록 영역의 〈~번 반복하기〉 블록 속에 〈자신의 복제본 만들기〉 블록 넣기 : 반복 값 5 입력하기 ➡ 이 복제본이 무작위 위치에 자리 잡을 수 있도록 움직임 블록 영역의 〈X: Y: 의 위치로 이동하기〉 블록 가져오기 ➡ 계산 블록 영역의 〈~부터 ~사이의 무작위수〉 블록을 가져와 각각 X, Y에 넣어준 뒤 적절한 좌표 값을 입력하기 ➡ 생김새 블록 영역의 〈~을 ~초 동안 말하기〉 블록을 연결한 후 '아들아, 나 여기 있다. 내가 네 엄마야~'와 1초 입력하기 ➡ 속성 탭에서 "마무리" 신호 만들기 ➡ 시작 블록 영역의 〈~신호 보내기〉 블록 연결하기

5. 선비1(원님 역) 오브젝트에 마지막 명령어 블록 쌓기

시작 블록 영역의 〈마무리 신호를 받았을 때〉 ➡ 생김새 블록 영역의 〈~을 ~초 동안 말하기〉 블록을 가져와 '맙소사~ 누가 진짜 나의 어머님이란 말인가!'와 '아...이 일을 어쩌면 좋단 말이냐... 내가 너무 욕심을 부렸구나.'를 각각 2초, 4초씩 입력하기

사고력 향상 문제

★ 문제 프로젝트 : https://goo.gl/6VHjxO
★ 답안 예시 프로젝트 : https://goo.gl/vfeLX4

(1) 심청이가 아버지의 눈을 뜨게 하기 위해 바다에 뛰어드는 장면입니다. 심청이가 바다에 뛰어든 후 신호를 추가해 물고기 오브젝트와 상호작용하도록 만들어봅시다.

(2) 장면을 여러 개 추가하여 뒷이야기를 이어 만들어봅시다.

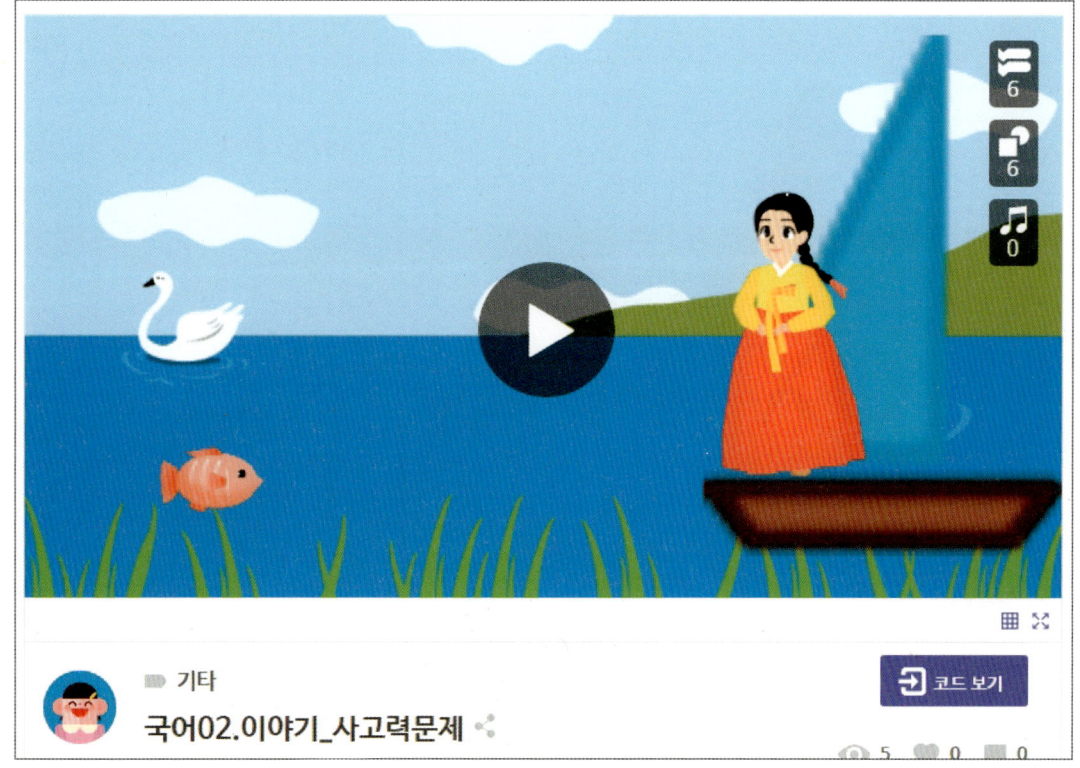

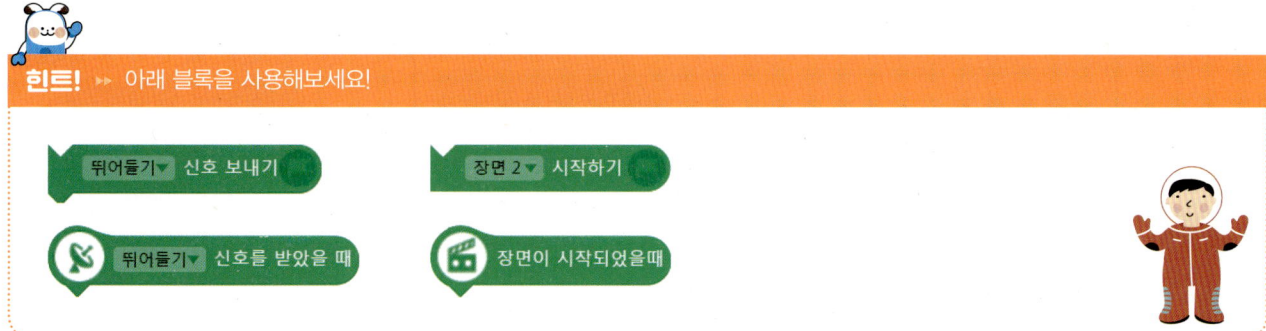

2장

[국어] 우리말 퀴즈 대회

자료 블록은 프로그램에서 값을 임시로 저장해 주는 변수와 여러 개의 데이터를 한꺼번에 저장할 수 있는 리스트와 관련된 명령어 블록입니다. 자료 블록을 사용해 우리말 퀴즈 프로그램을 만들어봅시다.

★ 완성 프로젝트 : https://goo.gl/v7zl5v
★ 프로젝트 확인 : 실행하기 버튼을 클릭해서 완성할 프로젝트를 확인해봅시다.

POINT 01 교과 내용 파악하기

1. **교과 연계** : 5학년 2학기 6단원. 소중한 우리말

2. **교과 핵심 내용** : 틀리기 쉬운 낱말을 바르게 발음하고 표기하는 방법에 대해 알 수 있습니다.
   (1) 틀리기 쉬운 낱말을 조사하기
   (2) 바르게 발음하고 표기하는 방법을 알아보기

3. **교과 핵심 확인 문제**

   올바르게 표기된 것을 모두 찾아보시오. (   )
   ① 틈틈이   ② 나란이   ③ 고요히   ④ 따뜻이   ⑤ 그윽히

POINT 02 블록 이해하기

❶ `점수▼ 값` : 선택된 변수에 저장된 값입니다.

❷ `점수▼ 에 10 만큼 더하기` : 선택한 변수에 입력한 값을 더합니다.

❸ `점수▼ 를 10 로 정하기` : 선택한 변수의 값을 입력한 값으로 정합니다.

❹ `변수 점수▼ 숨기기` : 선택한 변수 창을 실행 화면에서 숨깁니다.

❺ `변수 점수▼ 보이기` : 선택한 변수 창을 실행 화면에 보이게 합니다.

변수란 무엇인가요? 어떻게 만들죠?

변수란 '변하는 값 또는 변하는 값을 저장하는 공간'이라고 볼 수 있습니다. 컴퓨터가 숫자나 문자를 기억하기 위해 사용되므로 한 번에 하나의 값만 저장이 가능하며, 값을 변경하거나 삭제할 수 있습니다. 예를 들어 게임을 하면서 점수를 얻을 때마다 화면에 점수가 바뀌는 것은 변수를 활용하였기에 가능한 것입니다. 변수를 만들려면, 속성 탭에서 변수를 선택한 후 변수 추가 버튼을 클릭하고, 알맞은 변수 이름을 입력하면 됩니다.

POINT 03 생각하기

1. 알고리즘 설계하기

장면1
1. 오브젝트 추가 및 자리배치하기
   - **추가할 오브젝트** : 무대, 어린이(2), 글상자
2. OX 우리말 퀴즈 대회 알리는 말하기
3. 퀴즈 문제 장면으로 넘어가기

장면2
1. 첫 번째 퀴즈 나오기
2. O 또는 X를 선택하면 정답/오답을 말하며 정답일 때 점수 올라가기
3. 다음 문제 장면으로 넘어가기

장면3
1. 두 번째 퀴즈 나오기
2. O 또는 X를 선택하면 정답/오답을 말하며 정답일 때 점수 올라가기
3. 다음 문제 장면으로 넘어가기

장면4
1. 세 번째 퀴즈 나오기
2. O 또는 X를 선택하면 정답/오답을 말하며 정답일 때 점수 올라가기
3. 다음 문제 장면으로 넘어가기

2. 한눈에 보기

시작 → 장면1 OX 우리말 퀴즈 대회 시작 알리기 → 장면2 첫 번째 퀴즈 제시 → 장면3 두 번째 퀴즈 제시 → 장면4 세 번째 퀴즈 제시 → 끝

POINT 04 프로젝트 시작하기

<장면1 만들기>

1. 오브젝트 추가 및 자리배치하기

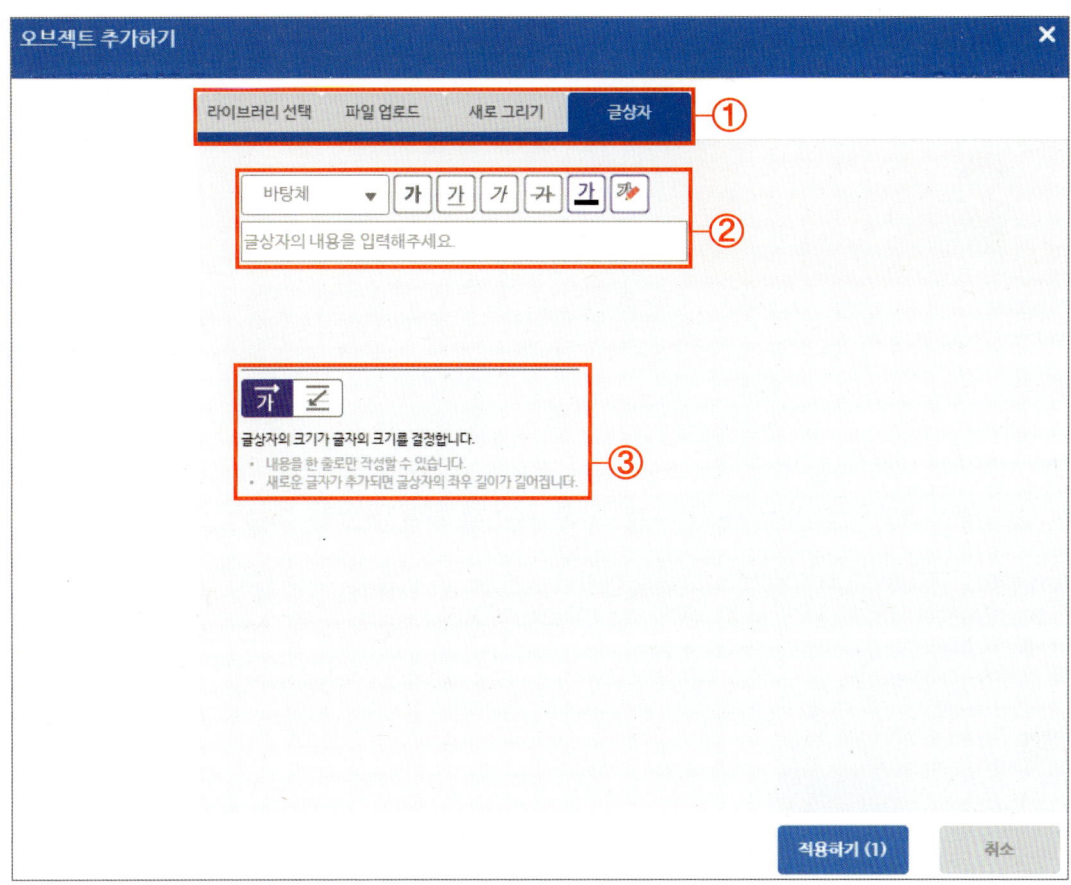

❶ 오브젝트 추가하기 : 무대, 어린이(2), 글상자 오브젝트

- 무대, 어린이(2), 글상자 오브젝트 추가하기
- 글상자 오브젝트의 경우 오브젝트 추가를 하면서 글씨체, 굵기, 글자색, 배경색 등의 효과를 지정할 수 있음

① 오브젝트 추가하기-글상자 선택

② 글씨체, 굵기, 밑줄, 글자색, 배경색, 글상자의 내용 등 입력하기 : 'OX 우리말 퀴즈' 입력

③ 글상자의 크기 및 글자 크기 바꾸기

❷ 오브젝트 자리배치하기 : 적절한 위치에 오브젝트 자리 잡기

오브젝트 추가하기-글상자를 추가할 수 있습니다.

2. 어린이 오브젝트에 명령어 블록 쌓기

❶ 시작 블록 영역의 〈시작하기 버튼을 클릭했을 때〉 ➡ 생김새 블록 영역의 〈~을 ~초 동안 말하기〉 : '안녕하세요?', 'OX 우리말 퀴즈대회입니다.', '맞으면 O, 틀리면 X를 선택하세요.'를 각각 1초, 1초, 3초씩 입력하기

❷ 장면1에서 오른쪽 마우스 클릭하여 '복제하기' ➡ 다음 장면이 시작될 수 있도록 시작 블록 영역의 〈다음 장면 시작하기〉 블록 연결하기

<장면2 만들기>

1. 오브젝트 추가 및 자리배치하기

❶ 오브젝트 추가하기 : 글상자 오브젝트 2개
  ① 오브젝트 추가하기-글상자 선택
  ② 글씨체, 굵기, 밑줄, 글자색, 배경색, 글상자의 내용 등 입력하기 : 'O', 'X' 각각 입력
  ③ 글상자의 크기 및 글자 크기 바꾸기

❷ 오브젝트 자리배치하기 : 적절한 위치에 오브젝트 자리 잡기

2. 'OX 우리말 퀴즈' 글상자 오브젝트 내용 바꾸기 및 명령어 블록 쌓기

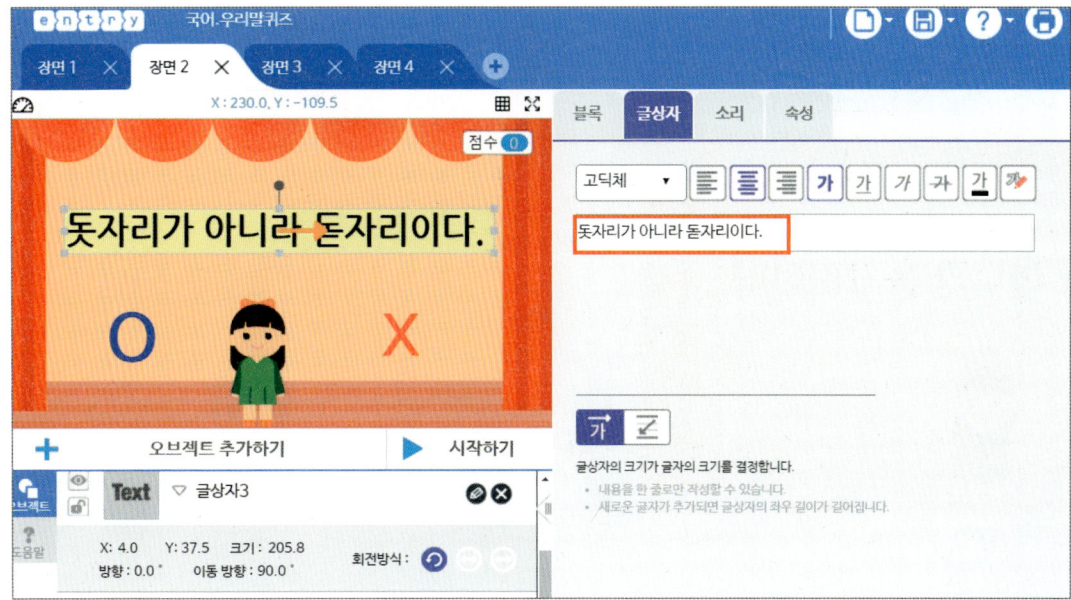

글상자 탭에서 'OX 우리말 퀴즈' 라고 적힌 글상자 내용을 퀴즈 문제로 바꾸기 : '돗자리가 아니라 돗자리이다.'

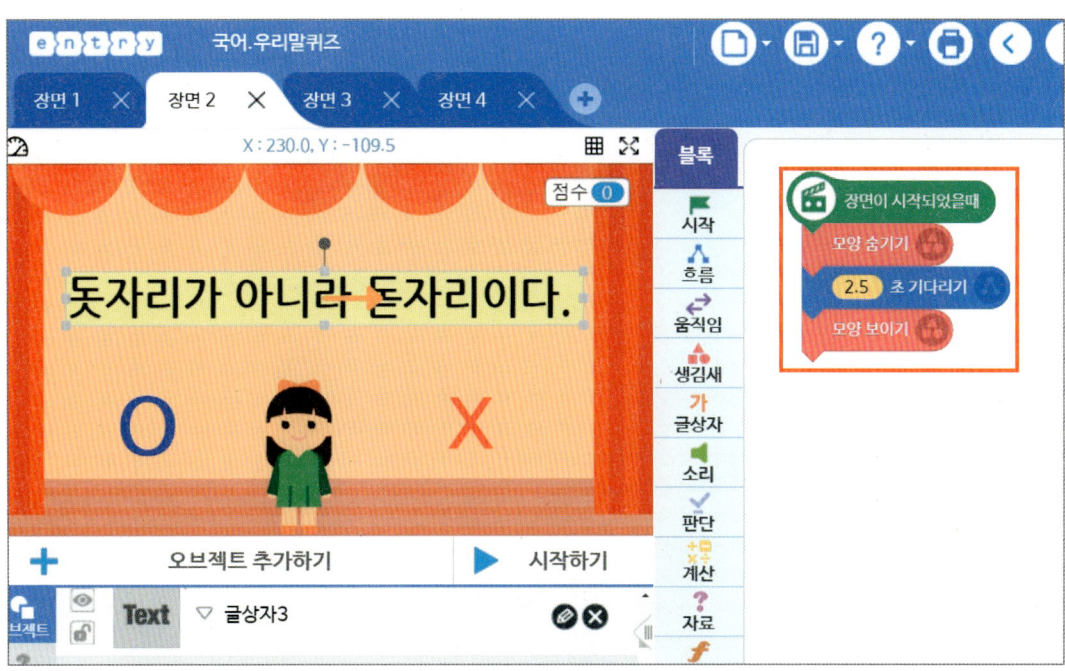

시작 블록 영역의 〈장면이 시작되었을 때〉 ➡ 생김새 블록 영역의 〈모양 숨기기〉 블록 연결하기 ➡ 흐름 블록 영역의 〈~초 기다리기〉 : 2.5초 입력하기 ➡ 생김새 블록 영역의 〈모양 보이기〉 블록 연결하기

3. 'O' 글상자 오브젝트에 명령어 블록 쌓기

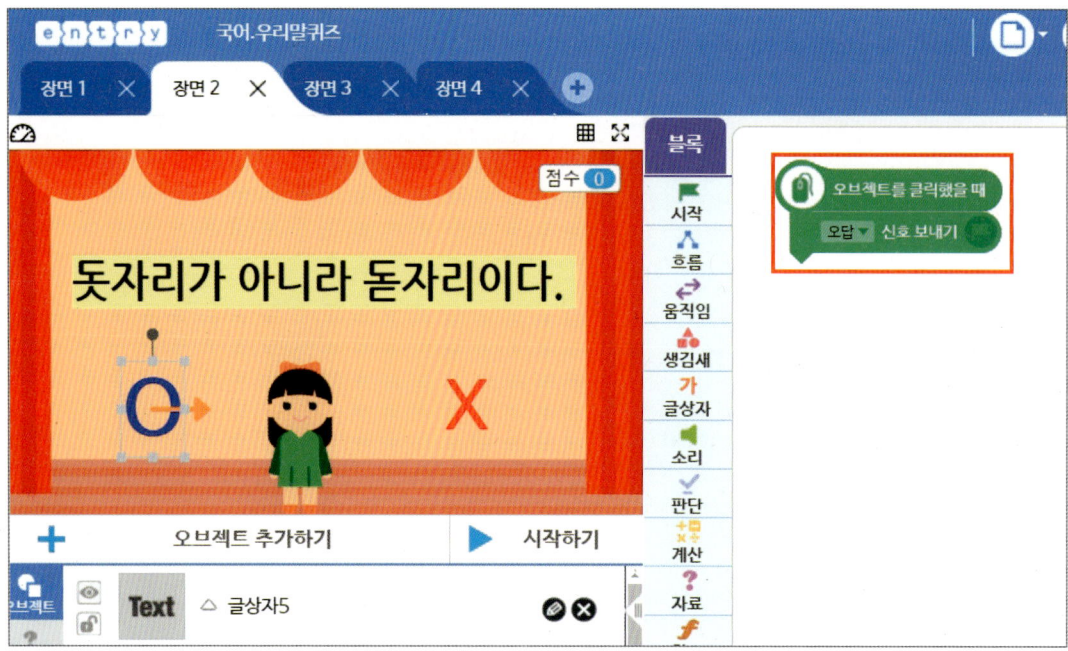

시작 블록 영역의 〈오브젝트를 클릭했을 때〉 ➡ 속성 탭에서 "오답" 신호 만들기 ➡ 시작 블록 영역의 〈~신호 보내기〉 블록 연결하기

4. 'X' 글상자 오브젝트에 명령어 블록 쌓기

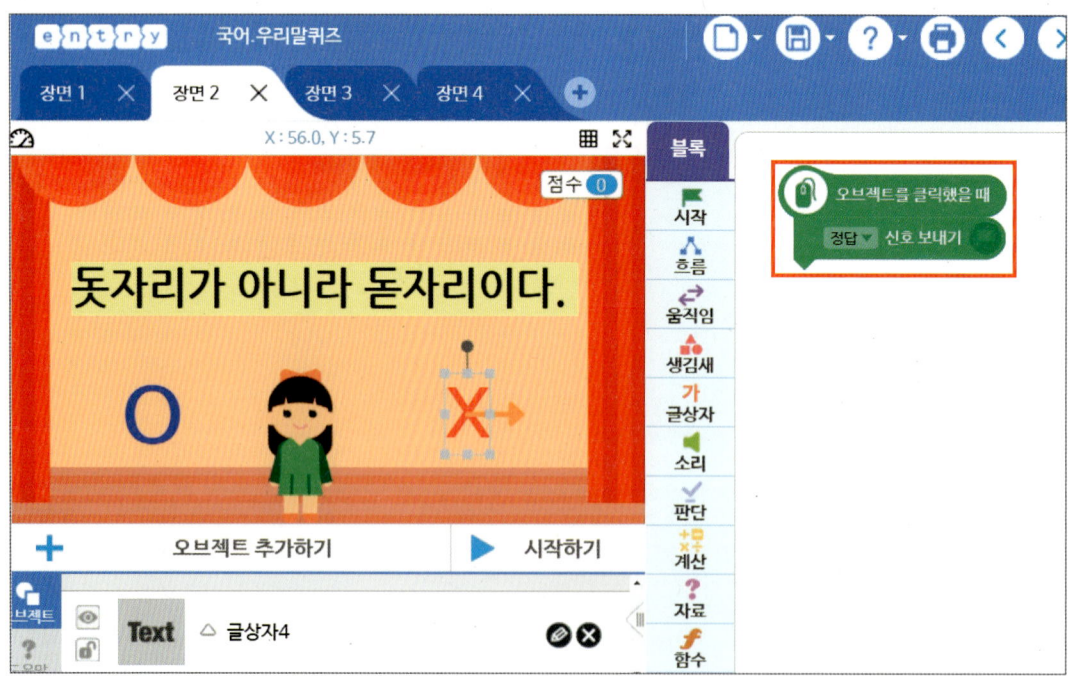

시작 블록 영역의 〈오브젝트를 클릭했을 때〉 ➡ 속성 탭에서 "정답" 신호 만들기 ➡ 시작 블록 영역의 〈~신호 보내기〉 블록 연결하기

5. 어린이 오브젝트 명령어 블록 쌓기

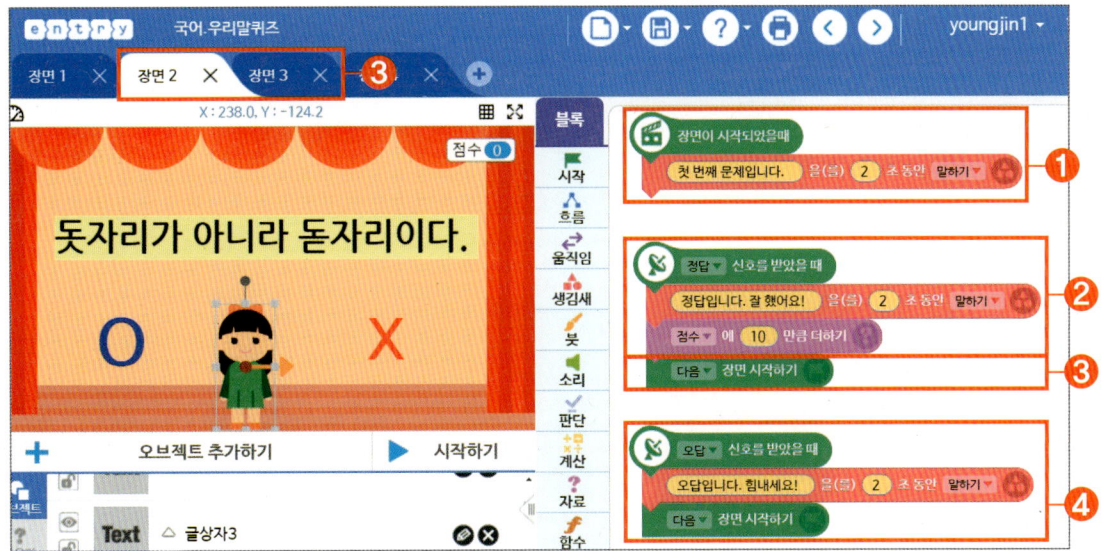

❶ 시작 블록 영역의 〈장면이 시작되었을 때〉 ➡ 생김새 블록 영역의 〈~을 ~초 동안 말하기〉 : '첫 번째 문제입니다.'와 2초 입력하기

❷ 시작 블록 영역의 〈정답 신호를 받았을 때〉 ➡ 생김새 블록 영역의 〈~을 ~초 동안 말하기〉 : '정답입니다. 잘했어요!'와 2초 입력하기 ➡ 속성 탭에서 "점수" 변수 만들기 ➡ 자료 블록 영역의 〈~에 ~만큼 더하기〉 블록 연결 후 앞에 과정에서 만든 변수 점수를 선택하고 숫자 10 입력하기

❸ 장면2에서 오른쪽 마우스 클릭하여 '복제하기' ➡ 다음 장면이 시작될 수 있도록 시작 블록 영역의 〈다음 장면 시작하기〉 블록 연결하기

❹ 시작 블록 영역의 〈오답 신호를 받았을 때〉 ➡ 생김새 블록 영역의 〈~을 ~초 동안 말하기〉 : '오답입니다. 힘내세요!'와 2초 입력하기 ➡ 시작 블록 영역의 〈다음 장면 시작하기〉 블록 연결하기

<장면3, 4 만들기> : 장면2 만들기와 동일합니다.

장면3, 4에서 달라진 점! 이것만 기억하세요!
1. 장면3 퀴즈 : '틈틈히가 아니라 틈틈이가 맞다.'
   장면4 퀴즈 : '느굿이가 아니라 느그시가 맞다.'
2. 장면3, 4 퀴즈의 정답에 따라 O, X 글상자 오브젝트에 정답인지 오답인지 알맞은 신호 보내기

〈장면3〉

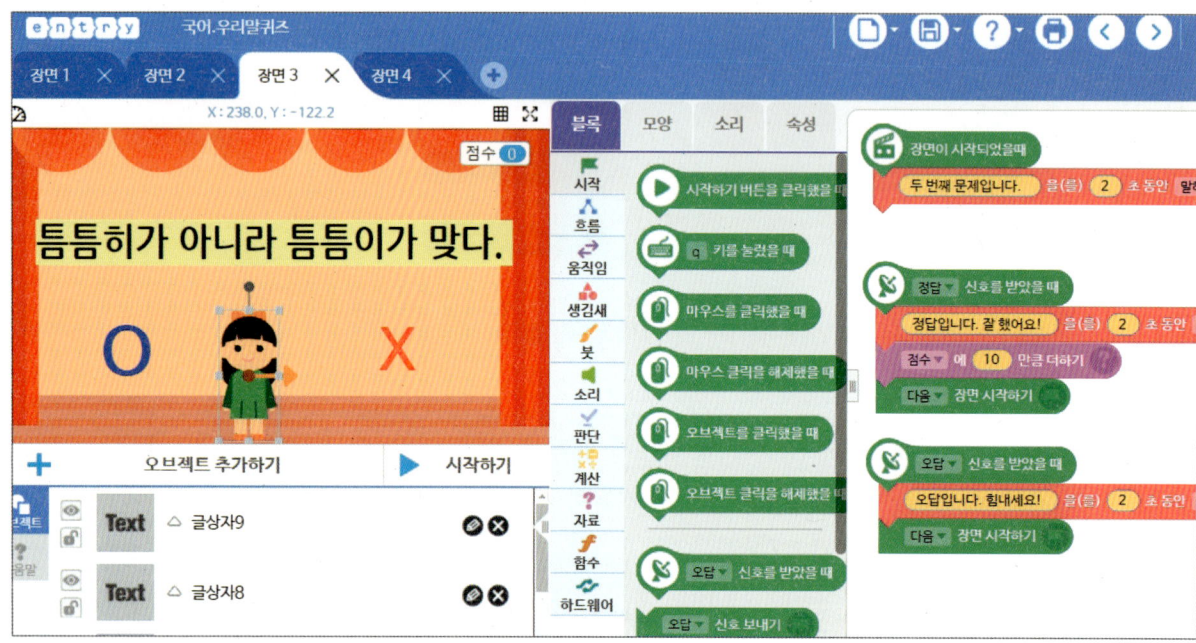

〈장면4〉

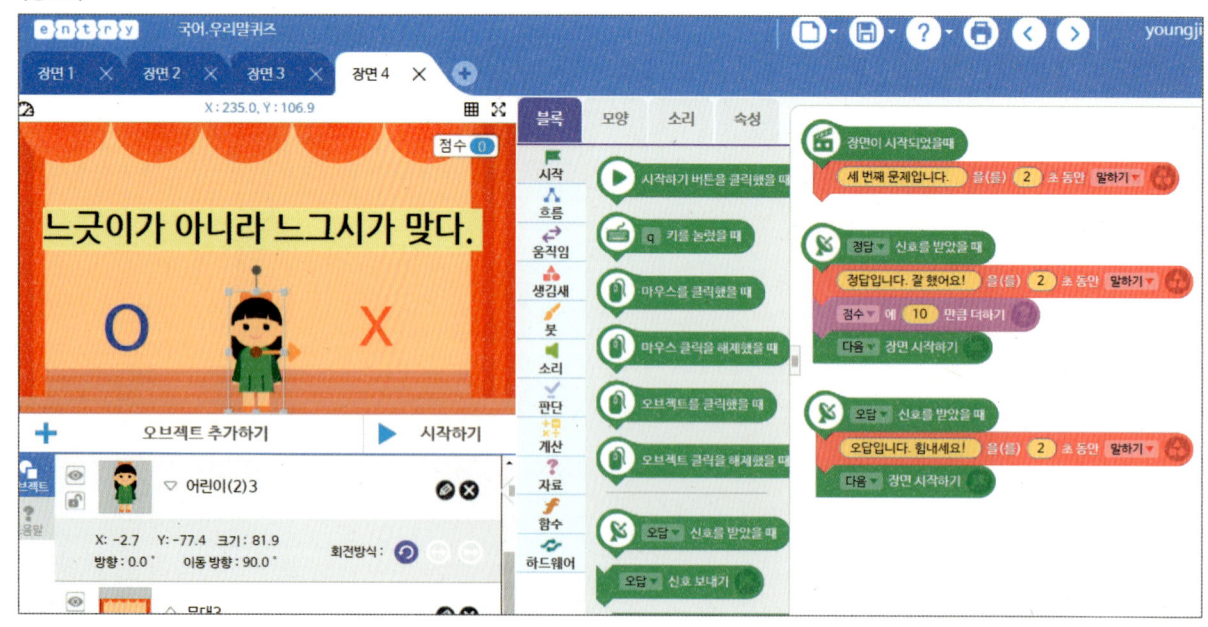

★ 문제 프로젝트 : https://goo.gl/VJa6nW
★ 답안 예시 프로젝트 : https://goo.gl/Upduyl

(1) 틀리기 쉬운 낱말을 조사해봅시다.

(2) 장면5를 추가하여 우리말 퀴즈 문제를 더 만들어봅시다.

3장 [국어] 광고 만들기(1)

생김새 블록은 오브젝트의 모양, 크기, 색깔을 바꾸어 주거나 오브젝트를 숨겼다가 다시 보여주는 명령어 블록입니다. 생김새 블록을 활용하여 광고를 만들어봅시다.

★ **완성 프로젝트** : https://goo.gl/iJ34xh
★ **프로젝트 확인** : 실행하기 버튼을 클릭해서 완성할 프로젝트를 확인해봅시다.

기타
국어.광고만들기

POINT 01 교과 내용 파악하기

1. **교과 연계** : 6학년 1학기 국어 5단원. 광고 읽기

2. **교과 핵심 내용** : 광고의 표현 특성을 알고 광고를 만들 수 있습니다.
   (1) 주제가 잘 드러나게 글이나 그림, 소리 등을 효과적으로 사용하기
   (2) 오래 기억되도록 같은 말을 반복해서 사용하기
   (3) 효과적으로 표현하기 위해 다른 것에 빗대는 표현법 사용하기

3. **교과 핵심 확인 문제**

   > 광고에서 눈에 쉽게 띄도록 하기 위한 표현 방법을 모두 찾아보시오. (   )
   > ① 중요한 문구는 눈에 띄는 색깔로 표시한다.
   > ② 오래 기억되도록 같은 말을 반복해서 사용하지 않는다.
   > ③ 주제가 잘 드러나는 글이나 그림 등은 되도록 적게 사용한다.
   > ④ 효과적으로 표현하기 위해 다른 것에 빗대는 표현법을 사용한다.
   > ⑤ 그림이나 사진보다는 설명하는 글을 되도록 자세하게 쓰도록 한다.

POINT 02 블록 이해하기

❶ `모양 보이기` : 해당 오브젝트를 화면에 나타냅니다.

❷ `모양 숨기기` : 해당 오브젝트를 화면에 보이지 않도록 합니다.

❸ `크기를 10 만큼 바꾸기` : 해당 오브젝트의 크기를 입력한 값만큼 바꿉니다.

❹ `크기를 100 (으)로 정하기` : 해당 오브젝트의 크기를 입력한 값으로 정합니다.

 **TIP!**

원하는 오브젝트가 없을 때 직접 그려서 사용하는 그림판 알아보기

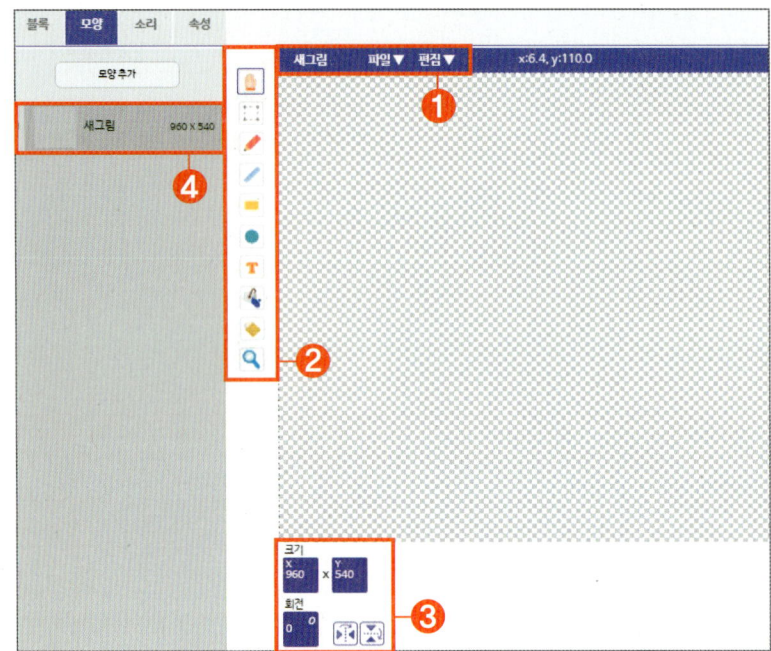

〈오브젝트 추가하기-새로 그리기〉를 선택하면 그림판이 나타납니다.

❶ **가로 메뉴** : 새그림, 파일(저장하기, 새 모양으로 저장하기), 편집(가져오기, 복사하기, 자르기, 모두 지우기)
❷ **세로 메뉴** : 이동, 자르기, 펜, 직선, 사각형, 원, 글상자, 채우기, 지우기 등
❸ 크기 및 회전 조절
❹ 새그림 모양 추가

POINT 03 생각하기

1. 알고리즘 설계하기

장면1	❶ 오브젝트 추가 및 자리배치하기 　• 추가할 오브젝트 : 글상자, 세계전도, 크레파스(색깔 상관없음) 오브젝트 3개 ❷ 크레파스가 차례대로 나타나기 ❸ '살색을 골라보세요.'라는 광고 문구가 나온 후 하나를 선택했을 때 다음 장면으로 넘어가기

2. 한눈에 보기

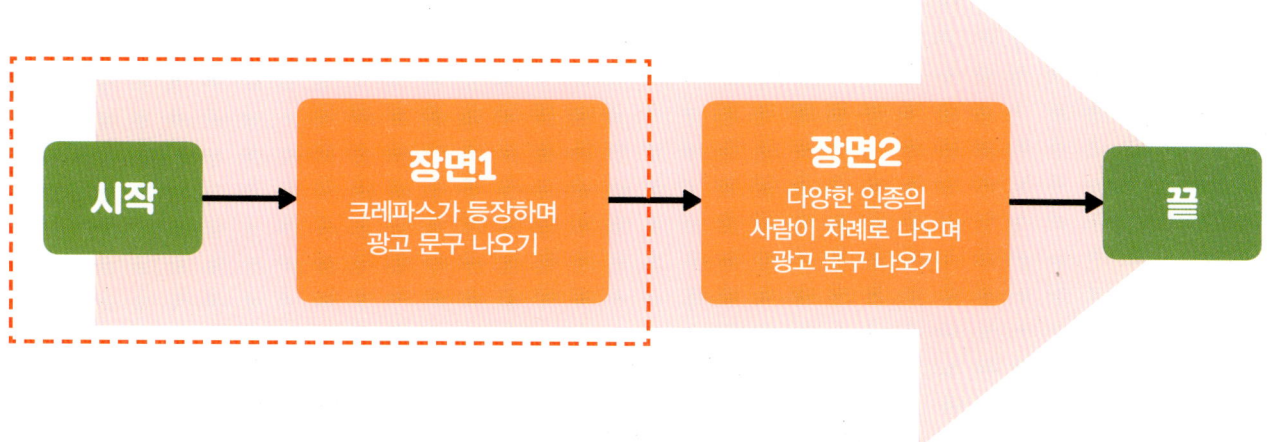

POINT 04 프로젝트 시작하기

<장면1 만들기>

1. 오브젝트 추가 및 자리배치하기

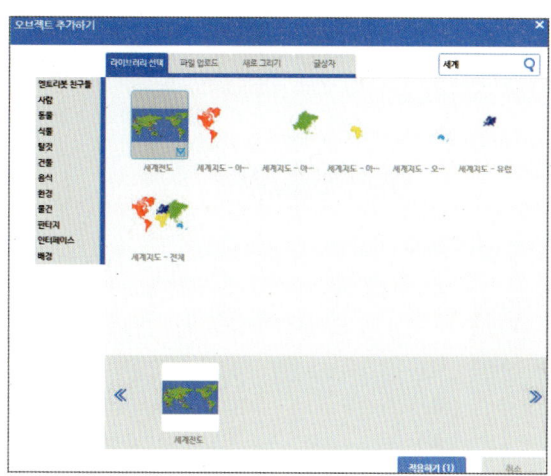 

❶ 오브젝트 추가하기 : 글상자, 세계전도, 크레파스 3개(색깔 상관없음) 오브젝트

- 세계전도, 글상자, 크레파스 오브젝트 3개 추가하기
- 글상자 오브젝트의 경우 오브젝트 추가를 하면서 글씨체, 굵기, 배경색, 글자색 등의 효과를 지정할 수 있음
  ① 오브젝트 추가하기-글상자 선택
  ② 글씨체, 굵기, 밑줄, 글자색, 배경색, 글상자의 내용 등 입력하기 : '살색을 골라보세요' 입력
  ③ 글상자의 크기 및 글자 크기 바꾸기

❷ 오브젝트 자리배치하기 : 어울리는 위치에 오브젝트 자리 잡기

 **TIP!**

원하는 색깔의 크레파스가 없어서 기존의 크레파스 모양을 활용해 다시 그릴 예정이므로 크레파스 오브젝트를 색깔과 상관없이 선택합니다.

2. 크레파스 오브젝트 색깔 바꾸기

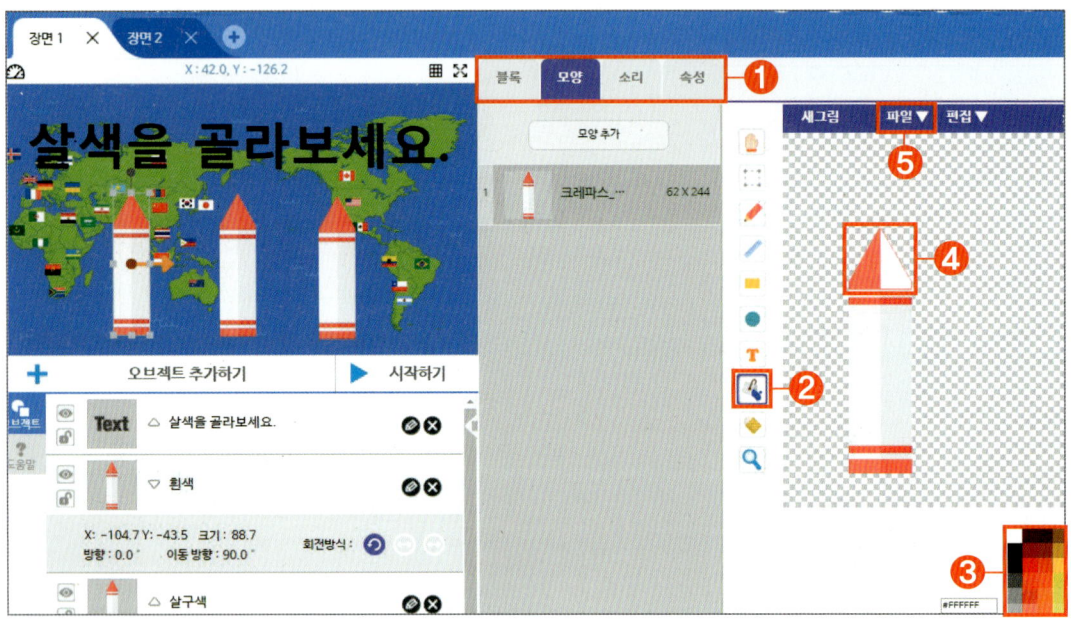

❶ 크레파스 오브젝트 선택 ➡ 속성 탭의 모양 선택 ➡ 그림판이 나옴

❷ 세로 메뉴 중 채우기 선택

❸ 색상표에서 원하는 색깔 선택(여기서는 흰색)

❹ 기존 크레파스 모양 중 빨간색 부분을 흰색으로 채우기

❺ 파일의 새 모양으로 저장하기 선택하여 저장 ➡ 모양이 추가됨

❻ 위와 동일한 방식으로 흰색, 살구색, 흑색 크레파스 만들기

3. 크레파스 오브젝트 명령어 블록 쌓기

❶ 시작 블록 영역의 〈시작하기 버튼을 클릭했을 때〉 ➡ 생김새 블록 영역의 〈모양 숨기기〉 블록 연결하기 ➡ 흐름 블록 영역의 〈~초 기다리기〉 : 2초 입력하기 ➡ 생김새 블록 영역의 〈모양 보이기〉 블록 연결하기

❷ 3개의 크레파스에 모두 ❶과 같이 블록 조립하기(단, 흰색 크레파스는 2초, 살구색 크레파스는 2.5초, 흑색 크레파스는 3초로 각각 입력)

4. '살색을 골라보세요.' 글상자 오브젝트에 명령어 블록 쌓기

❶ 시작 블록 영역의 〈시작하기 버튼을 클릭했을 때〉 ➡ 생김새 블록 영역의 〈모양 숨기기〉 블록 연결하기 ➡ 흐름 블록 영역의 〈~초 기다리기〉 : 5초 입력하기 ➡ 생김새 블록 영역의 〈모양 보이기〉 블록 연결하기

❷ 흐름 블록 영역의 〈~번 반복하기〉 : 반복 값 5 입력하기 ➡ 생김새 블록 영역의 〈크기를 ~만큼 바꾸기〉 블록 2번 가져오기 : 크기 값 각각 20, -20 입력한 후 두 블록 사이와 아래에 흐름 블록 영역의 〈~초 기다리기〉 블록 연결하기 : 시간 값 각각 1초씩 넣기

장면1에서 오른쪽 마우스 클릭하여 '복제하기' ➡ 시작 블록 영역의 〈마우스를 클릭했을 때〉 블록을 가져온 뒤, 다음 장면이 시작될 수 있도록 〈다음 장면 시작하기〉 블록 연결하기

4장

[국어]
광고 만들기(2)

앞 장에서 만든 광고 만들기(1)을 이어서 만들어봅시다. 장면2부터 시작합니다.

★ 완성 프로젝트 : https://goo.gl/iJ34xh
★ 프로젝트 확인 : 실행하기 버튼을 클릭해서 완성할 프로젝트를 확인해봅시다.

기타
국어.광고만들기

POINT 01 생각하기

1. 알고리즘 설계하기

> **장면2**
> ① 오브젝트 추가 및 자리배치하기
>   - **추가할 오브젝트** : 장면1 오브젝트에서 크레파스 오브젝트만 삭제, 글상자 오브젝트 1개, 사람 오브젝트 6개 추가하기(사람 오브젝트는 인종이나 피부색이 서로 다른 오브젝트로 다양하게 선택하기)
> ② 장면이 시작되면 다양한 인종의 사람들이 차례대로 등장하기
> ③ '모두가 살색입니다.'와 '차이가 차별이 아닌 세상을 만들어요.' 문구 나오기

2. 한눈에 보기

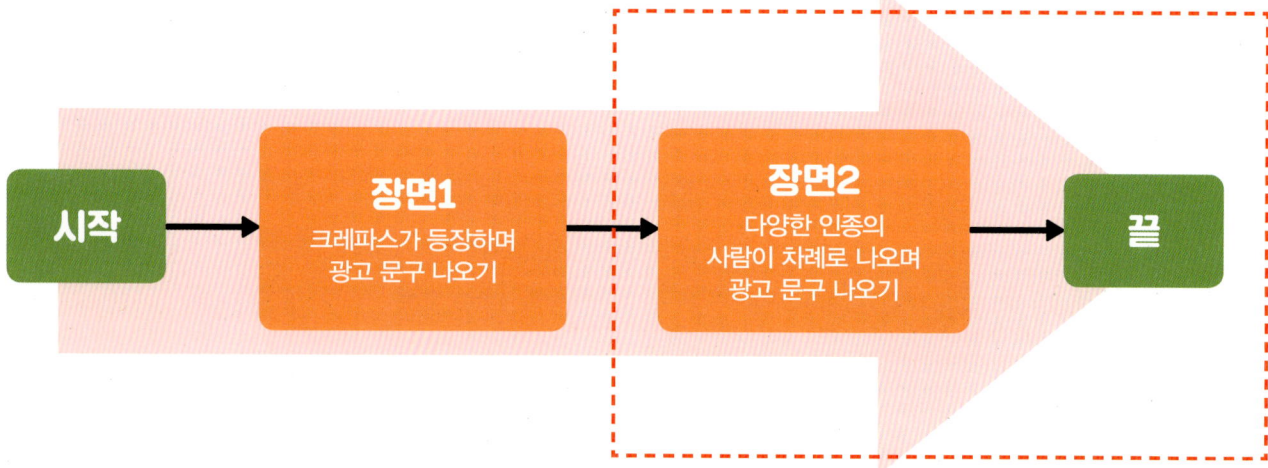

POINT 02 프로젝트 시작하기

<장면2 만들기>

1. 오브젝트 추가 및 자리배치하기

장면1에서 마우스 오른쪽 버튼 클릭

❶ 장면2 오브젝트 추가하기 : 세계전도, 글상자 2개, 사람 오브젝트 6개(다양한 피부색을 가진 사람 오브젝트)
  - 글상자 오브젝트의 경우 오브젝트 추가를 하면서 글씨체, 굵기, 글자색, 배경색 등의 효과를 지정할 수 있음
  ① 오브젝트 추가하기-글상자 선택
  ② 글씨체, 굵기, 밑줄, 글자색, 배경색, 글상자의 내용 등 입력하기 : '모두가 살색입니다.'와 '차이가 차별이 아닌 세상을 만들어요!' 각각 입력
  ③ 글상자의 크기 및 글자 크기 바꾸기
❷ 오브젝트 자리배치하기 : 어울리는 위치에 오브젝트 자리 잡기

장면1 복제하기를 했다면 크레파스 오브젝트 3개 삭제 후 글상자 1개, 사람 오브젝트 6개만 추가하면 됩니다.

2. '모두가 살색입니다.' 글상자 오브젝트 명령어 블록 쌓기

❶ 시작 블록 영역의 〈장면이 시작되었을 때〉 ➡ 생김새 블록 영역의 〈모양 숨기기〉 블록 연결하기 ➡ 흐름 블록 영역의 〈~초 기다리기〉 : 3초 입력하기 ➡ 생김새 블록 영역의 〈모양 보이기〉 블록 연결하기

❷ 흐름 블록 영역의 〈~번 반복하기〉 : 반복 값 5 입력하기 ➡ 생김새 블록 영역의 〈크기를 ~만큼 바꾸기〉 블록 2번 가져오기 : 크기 값 각각 20, -20 입력한 후 두 블록 사이와 아래에 흐름 블록 영역의 〈~초 기다리기〉 블록 넣기 : 시간 값 각각 1초씩 넣기

3. '차이가 차별이 아닌 세상을 만들어요.' 글상자 오브젝트에 명령어 블록 쌓기

시작 블록 영역의 〈장면이 시작되었을 때〉 ➡ 생김새 블록 영역의 〈모양 숨기기〉 블록 연결하기 ➡ 흐름 블록 영역의 〈~초 기다리기〉 : 4초 입력하기 ➡ 생김새 블록 영역의 〈모양 보이기〉 블록 연결하기

4. 학생(3)(사람1) 오브젝트에 명령어 블록 쌓기

시작 블록 영역의 〈장면이 시작되었을 때〉 ➡ 생김새 블록 영역의 〈모양 숨기기〉 블록 연결하기 ➡ 흐름 블록 영역의 〈~초 기다리기〉 : 1초 입력하기 ➡ 생김새 블록 영역의 〈모양 보이기〉 블록 연결하기

위와 동일한 블록을 다른 5개의 사람 오브젝트에 조립하기(단, 왼쪽부터 순서대로 시간 값을 1초씩 늘리기)

예) 학생(3) : 1초, 대학생(2) : 2초, 선생님(2) : 3초, 경찰(1) : 4초, 만세 하는 사람(2) : 5초, 대학생(1) : 6초

사고력 향상 문제

★ 문제 프로젝트 : https://goo.gl/FKRlEy
★ 답안 예시 프로젝트 : https://goo.gl/Hkilhn

(1) 건강과 관련된 광고입니다. 오브젝트의 크기가 변하면서 색깔도 함께 변화를 주어 프로젝트를 완성해봅시다.

(2) 자기만의 아이디어를 넣어 광고를 완성해도 됩니다.

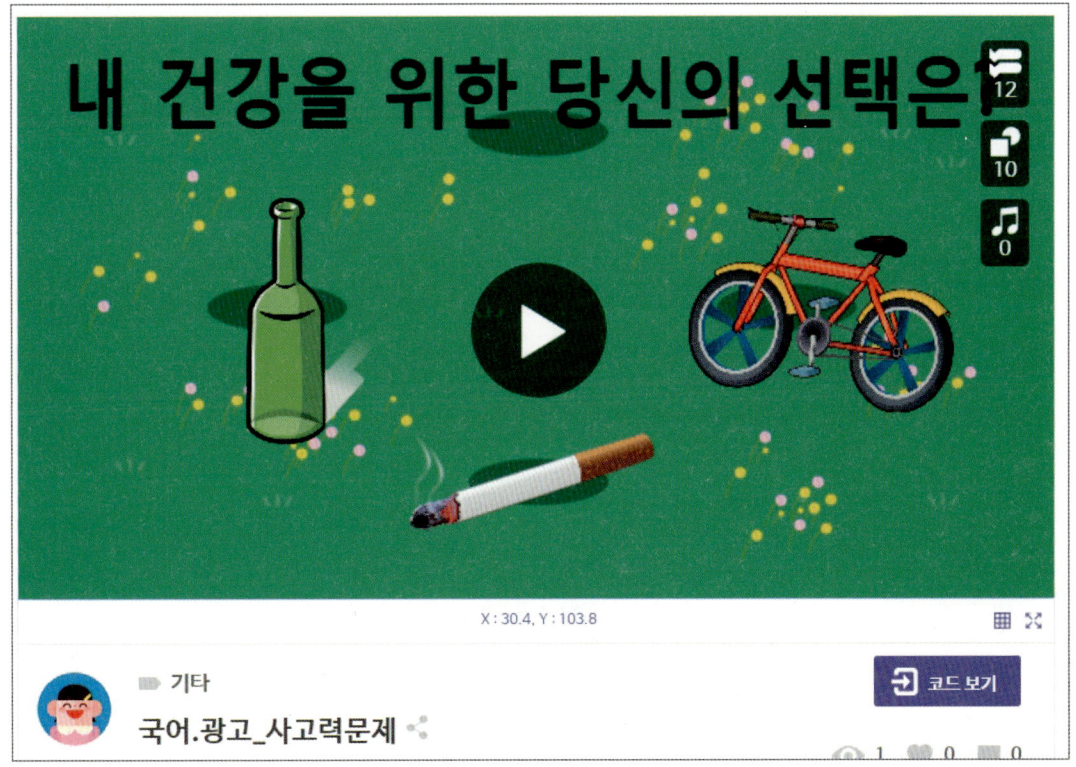

힌트! ▶ 아래 블록 중 원하는 효과를 선택해 사용해보세요!

5장

[수학] 도형 그리기

붓 블록은 오브젝트가 움직인 흔적이나 오브젝트를 복사하는 기능을 가진 명령어 블록입니다. 붓 블록을 사용해 도형 그리기를 해봅시다.

★ **완성 프로젝트 :** https://goo.gl/B2Dxz0
★ **프로젝트 확인 :** 실행하기 버튼을 클릭해서 완성할 프로젝트를 확인해봅시다.

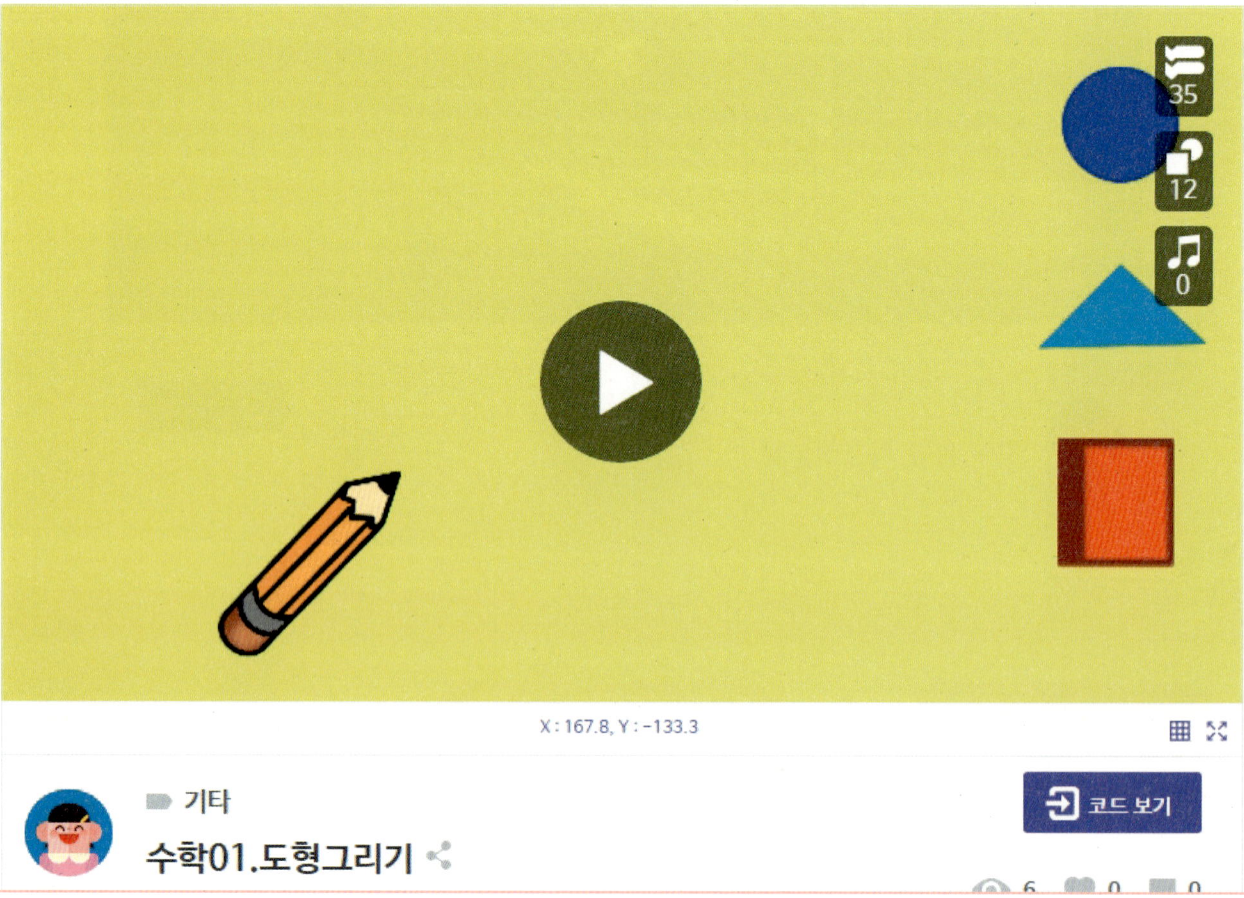

POINT 01　교과 내용 파악하기

1. 교과 연계 : 3학년 1학기 2단원. 평면 도형
　　　　　　　3학년 2학기 3단원. 원

2. 교과 핵심 내용 : 삼각형, 사각형, 원에 대해 알 수 있습니다.
　(1) 삼각형(세 개의 점과 세 개의 선분으로 이루어진 다각형)의 특징에 대해 알고 삼각형 그리기
　(2) 사각형(네 개의 변과 네 개의 꼭짓점을 가진 다각형)의 특징에 대해 알고 사각형 그리기
　(3) 원(평면상의 어떤 점에서 거리가 일정한 점들의 집합)의 특징에 대해 알고 원 그리기

3. 교과 핵심 확인 문제

> 삼각형, 사각형과 같은 평면 도형을 그릴 때 고려해야 할 요소를 모두 찾아보시오. (　　　　)
> ① 각　　　　② 색깔　　　　③ 변　　　　④ 반지름　　　　⑤ 지름

POINT 02　블록 이해하기

❶ `그리기 시작하기` : 오브젝트가 이동하는 경로를 따라 선이 그려지기 시작합니다(오브젝트의 중심점 기준).

❷ `모든 붓 지우기` : 해당 오브젝트가 그린 선과 도장을 모두 지웁니다.

❸ `붓의 굵기를 1 (으)로 정하기` : 오브젝트가 그리는 선의 굵기를 입력한 값으로 정합니다(1~무한의 범위, 1 이하는 1로 처리).

❹ `붓의 색을 ■ (으)로 정하기` : 오브젝트가 그리는 선의 색을 선택한 색으로 정합니다.

❺ `붓의 색을 무작위로 정하기` : 오브젝트가 그리는 선의 색을 무작위로 정합니다.

TIP!

반복 구조란 무엇인가요?

반복 구조란 비슷한 명령을 여러 번 실행해야 할 때 사용하는 프로그램 제어 구조를 말합니다. 반복되는 횟수를 정해주거나 어떤 조건을 만족할 때 반복하도록 명령을 내리는 방식입니다.

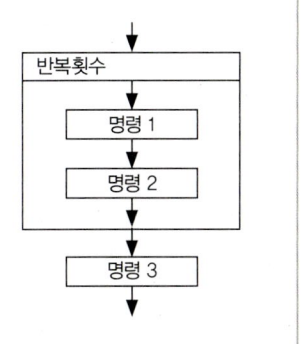

POINT 03 생각하기

1. 알고리즘 설계하기

도형 그리기
① 오브젝트 추가 및 자리배치하기
- 추가할 오브젝트 : 원, 칠교놀이 조각(세모), 공책(네모), 연필1, 투명 배경

② 원을 클릭하면 원 그려지기
③ 칠교놀이조각(세모)을 클릭하면 삼각형 그려지기
④ 공책(네모)을 클릭하면 사각형 그려지기

2. 한눈에 보기

POINT 04 : 프로젝트 시작하기

1. 오브젝트 추가 및 자리배치하기

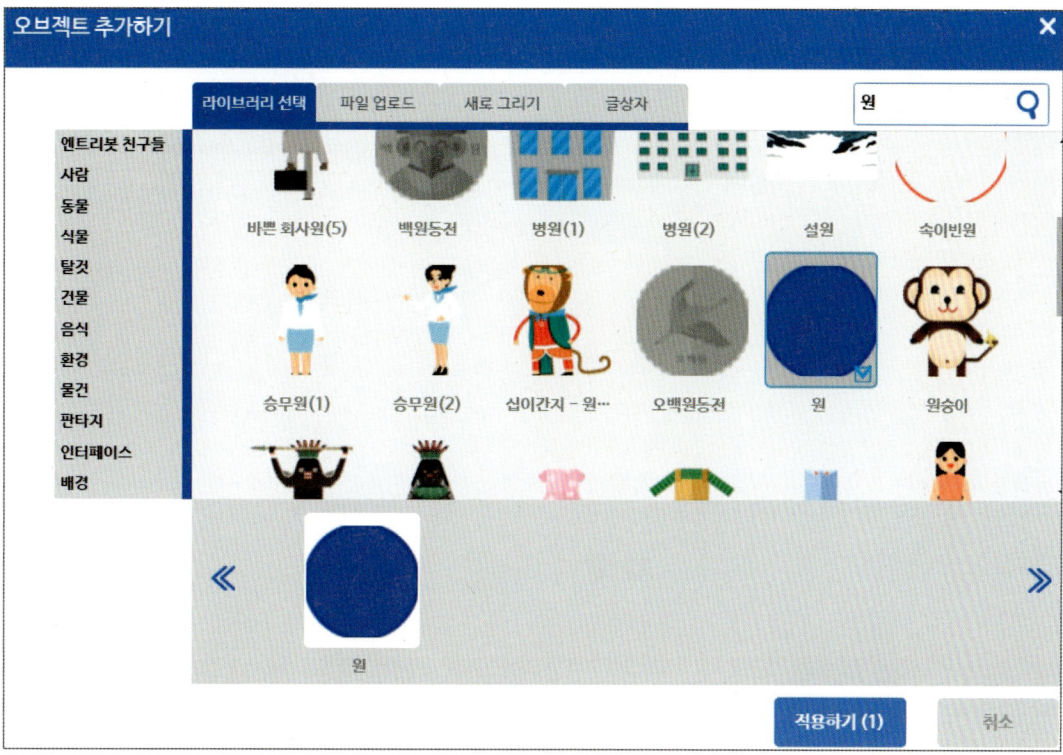

❶ 오브젝트 추가하기 : 원, 칠교놀이 조각(세모), 공책(네모), 연필1, 투명 배경 오브젝트

❷ 오브젝트 자리배치하기 : 적절한 위치에 오브젝트 자리 잡기

 TIP!

프로젝트 속에 나오는 오브젝트가 없는 경우 비슷한 오브젝트로 대신합니다.

2. 원/세모(칠교놀이 조각)/네모(공책) 오브젝트에 명령어 블록 쌓기

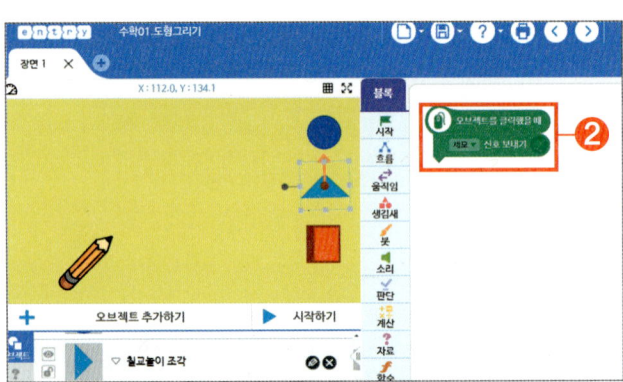

❶ 시작 블록 영역의 〈오브젝트를 클릭했을 때〉 ➡ 속성 탭에서 "원" 신호 만들기 ➡ 시작 블록 영역의 〈~신호 보내기〉 블록 연결하기

❷ 시작 블록 영역의 〈오브젝트를 클릭했을 때〉 ➡ 속성 탭에서 "세모" 신호 만들기 ➡ 시작 블록 영역의 〈~신호 보내기〉 블록 연결하기

❸ 시작 블록 영역의 〈오브젝트를 클릭했을 때〉 ➡ 속성 탭에서 "네모" 신호 만들기 ➡ 시작 블록 영역의 〈~신호 보내기〉 블록 연결하기

3. 연필 오브젝트에 첫 번째 명령어 블록 쌓기

❶ 시작 블록 영역의 〈~신호를 받았을 때〉: 원 ➡ 붓 블록 영역의 〈모든 붓 지우기〉, 〈그리기 시작하기〉, 〈붓의 굵기를 ~로 정하기〉 블록을 가져와 차례대로 연결하기 : 붓의 굵기 값 3 입력하기

❷ 흐름 블록 영역의 〈~번 반복하기〉 블록 안에 붓 블록 영역의 〈붓의 색깔을 무작위로 정하기〉 블록 넣기 ➡ 움직임 블록 영역의 〈이동 방향으로 ~만큼 움직이기〉 블록과 〈이동 방향을 ~만큼 회전하기〉 블록 차례대로 연결하기 ➡ 1만큼 1°씩 회전하며 움직이도록 각각 값을 입력하고 이를 360번 반복하도록 하기

TIP!

원은 360°이므로 1°씩 회전하며 1만큼씩 360번을 움직이도록 하면 됩니다.

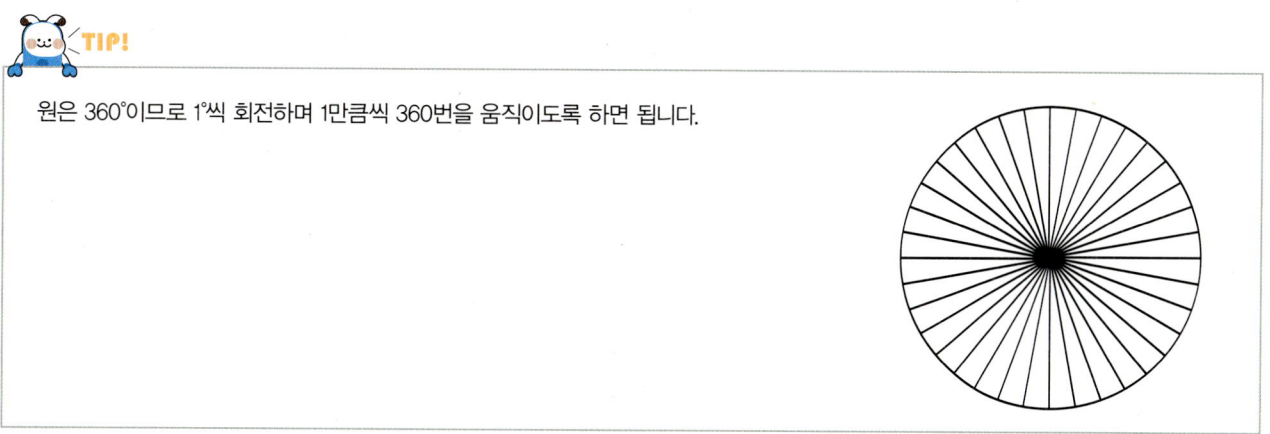

4. 연필 오브젝트에 두 번째 명령어 블록 쌓기

❶ 시작 블록 영역의 〈~신호를 받았을 때〉: 세모 ➡ 붓 블록 영역의 〈모든 붓 지우기〉, 〈그리기 시작하기〉, 〈붓의 굵기를 ~로 정하기〉 블록을 가져와 차례대로 연결하기 : 붓의 굵기 값 5 입력하기

❷ 흐름 블록 영역의 〈~번 반복하기〉 안에 붓 블록 영역의 〈붓의 색깔을 무작위로 정하기〉 블록 넣기 ➡ 움직임 블록 영역의 〈이동 방향을 ~만큼 회전하기〉 블록 연결하기 ➡ 흐름 블록 영역의 〈~초 기다리기〉: 0.5초 입력하기 ➡ 움직임 블록 영역의 〈이동 방향으로 ~만큼 움직이기〉 블록 연결하기 ➡ 120°씩 100만큼 움직이기를 3번 반복하도록 값 넣기

 TIP!

삼각형 세 각의 합은 180°이므로 한 내각이 60°가 되어야 합니다. 따라서 60°인 3개의 각을 가진 삼각형을 그리기 위해서는 180에서 60을 뺀 120° 만큼씩 회전이 이루어져야 합니다.

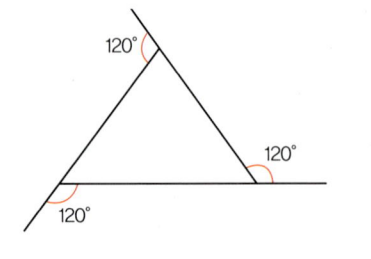

5. 연필 오브젝트에 세 번째 명령어 블록 쌓기

❶ 시작 블록 영역의 〈~신호를 받았을 때〉 : 네모 ➡ 붓 블록 영역의 〈모든 붓 지우기〉, 〈그리기 시작하기〉, 〈붓의 굵기를 ~로 정하기〉 블록을 가져와 차례대로 연결하기 : 붓의 굵기 값 2 입력하기

❷ 흐름 블록 영역의 〈~번 반복하기〉 안에 붓 블록 영역의 〈붓의 색깔을 무작위로 정하기〉 연결하기 ➡ 움직임 블록 영역의 〈이동 방향으로 ~만큼 움직이기〉 블록 연결하기 ➡ 흐름 블록 영역의 〈~초 기다리기〉 : 0.5초 입력하기 ➡ 움직임 블록 영역의 〈이동 방향을 ~만큼 움직이기〉 블록 연결하기 ➡ 100만큼 90°씩 움직이기를 4번 반복하도록 값 넣기

 TIP!

사각형 네 각의 합은 360°이므로 한 내각이 90°가 되어야 합니다. 따라서 90°인 4개의 각을 가진 사각형을 그리기 위해서는 180°에서 90°를 뺀 90° 만큼씩 회전이 이루어져야 합니다.

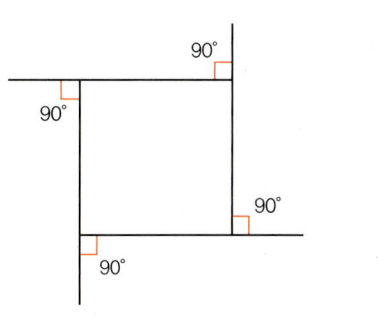

★ 문제 프로젝트 : https://goo.gl/TrhC7U
★ 답안 예시 프로젝트 : https://goo.gl/JulYtr

(1) 삼각형, 사각형, 원 오브젝트 외에 마름모 오브젝트를 추가하여 마름모를 그리는 프로젝트를 완성해봅시다.

(2) 사각형 그리기의 원리를 활용하여 문제를 해결해봅시다.

[수학]
그래프로 나타내기

계산 블록은 사칙 연산, 오브젝트의 특성 값, 초시계, 문자열끼리 결합 또는 분해하기 등을 실행하는 명령어 블록입니다. 계산 블록을 사용해 분기별 독서량을 그래프로 나타내봅시다.

★ 완성 프로젝트 : https://goo.gl/fwWCX5
★ 프로젝트 확인 : 실행하기 버튼을 클릭해서 완성할 프로젝트를 확인해봅시다.

POINT 01 교과 내용 파악하기

1. **교과 연계** : 4학년 1학기 6단원. 막대그래프

2. **교과 핵심 내용** : 막대그래프를 그리는 방법을 알 수 있습니다.
   (1) 가로와 세로 중 어느 쪽에 조사한 수를 나타낼 것인지 결정하기
   (2) 눈금 한 칸의 크기를 정하고 조사한 숫자 중에 가장 큰 수를 나타낼 수 있도록 눈금의 수 정하기
   (3) 조사한 수에 맞춰서 막대 그리기
   (4) 막대그래프에 제목 붙이기

3. **교과 핵심 확인 문제**

   다음 표를 보고 막대그래프를 완성하시오.

   좋아하는 음식

음식	김밥	라면	피자	치킨	계
학생 수	9	5	6	8	28

   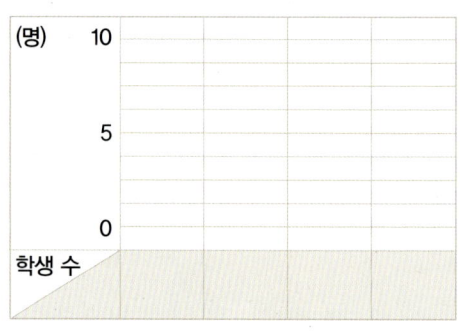

POINT 02 블록 이해하기

① `10 + 10` : 입력한 두 수를 더한 값입니다.
② `10 - 10` : 입력한 두 수를 뺀 값입니다.
③ `10 x 10` : 입력한 두 수를 곱한 값입니다.
④ `10 / 10` : 입력한 두 수를 나눈 값입니다.
⑤ `10 / 10 의 몫` : 앞의 수에서 뒤의 수를 나누어 생긴 몫의 값입니다.
⑥ `10 / 10 의 나머지` : 앞의 수에서 뒤의 수를 나누어 생긴 나머지 값입니다.

 TIP!

산술 연산이란 무엇인가요?

덧셈, 뺄셈, 곱셈, 나눗셈과 같은 사칙 연산을 비롯한 수치에 대한 연산을 산술 연산이라고 합니다.
산술 연산에서 처리되는 자료들의 형태는 숫자이며 연산의 결과도 숫자의 형태를 가지고 있습니다. 여러 연산자들이 혼합되어 있을 경우에 연산 순서에 대한 특별한 지시가 없으면 일반적으로 곱셈과 나눗셈을 먼저 연산하고 덧셈과 뺄셈을 나중에 연산합니다. 산술 연산은 사칙 연산을 비롯하여 몫 혹은 나머지, 제곱 등도 포함합니다.

POINT 03 생각하기

1. 알고리즘 설계하기

그래프 표현하기	① 오브젝트 추가 및 자리배치하기 　• 추가할 오브젝트 : 마룻바닥, 책, 글상자 총 5개 추가 ② 분기별 독서량 묻기 ③ 분기별 독서량 입력하기 ④ 그래프로 나타나기

2. 한눈에 보기

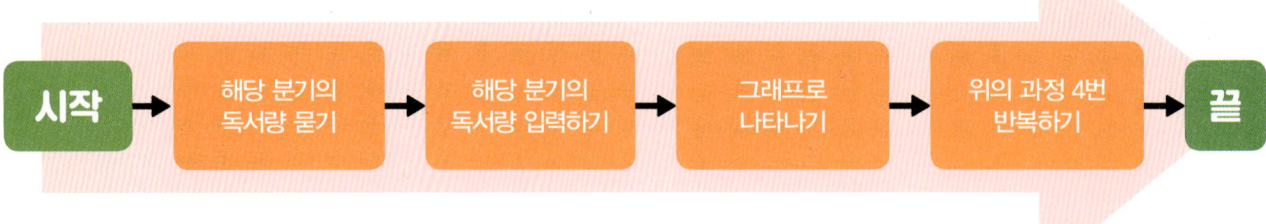

POINT 04 프로젝트 시작하기

1. 오브젝트 추가 및 자리배치하기

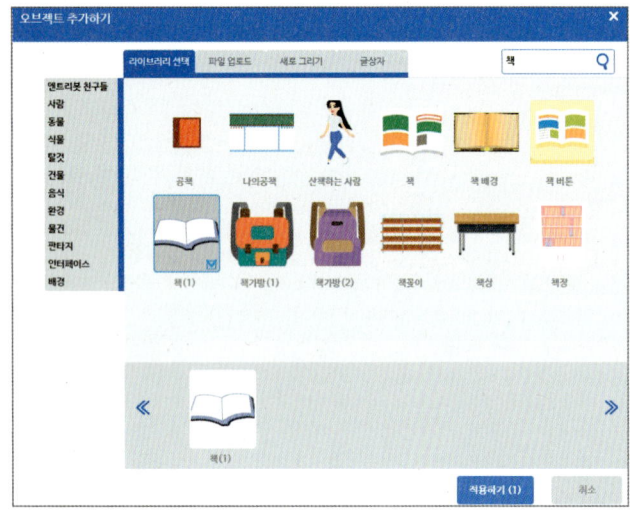
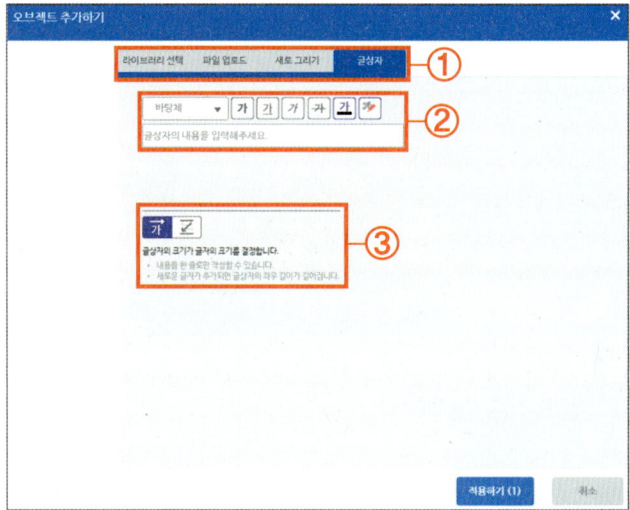

❶ 오브젝트 추가하기 : 마룻바닥, 책, 글상자 오브젝트 5개

– 마룻바닥, 책, 글상자 오브젝트 추가하기
– 글상자 오브젝트의 경우 오브젝트 추가를 하면서 글씨체, 굵기, 글자색, 배경색 등의 효과를 지정할 수 있음

① 오브젝트 추가하기–글상자 오브젝트 5개

② 글씨체, 굵기, 밑줄, 글자색, 배경색, 글상자의 내용 등 입력하기 : '분기별 독서량', '1분기', '2분기', '3분기', '4분기' 각각 입력

③ 글상자의 크기 및 글자 크기 바꾸기 입력하기

❷ 오브젝트 자리배치하기 : 적절한 위치에 오브젝트 자리 잡기

2. 책 오브젝트에 명령어 블록 쌓기

❶ 시작 블록 영역의 〈시작하기 버튼을 클릭했을 때〉 ➡ 생김새 블록 영역의 〈모양 숨기기〉 블록 연결하기 ➡ 자료 블록 영역의 〈대답 숨기기〉 블록 연결하기

❷ 흐름 블록 영역의 〈~초 기다리기〉 : 1초 입력하기 ➡ 자료 블록 영역의 〈~을 묻고 대답 기다리기〉 : '이번 분기의 독서량은?' 입력하기 ➡ 생김새 블록 영역의 〈모양 보이기〉 블록 연결하기 ➡ 생김새 블록 영역의 〈크기를 ~(으)로 정하기〉 : 크기 값을 65로 넣기 ➡ 흐름 블록 영역의 〈~번 반복하기〉 블록 속에 계산 블록 영역의 (○/○의 몫) 블록을 가져와 첫 번째 ○에 계산 블록 영역의 〈대답〉 블록 넣고 두 번째 ○에 10 입력하기 ➡ 붓 블록 영역의 〈도장 찍기〉 블록과 움직임 블록 영역의 〈X좌표를 ~만큼 바꾸기〉 블록 연결하기 : X좌표 값 30 입력하기

❸ 생김새 블록 영역의 〈크기를 ~(으)로 정하기〉 : 크기 값을 45로 넣기 ➡ 흐름 블록 영역의 〈~번 반복하기〉 블록 속에 계산 블록 영역의 (○/○의 나머지) 블록을 가져와 첫 번째 ○에 계산 블록 영역의 〈대답〉 블록 넣고 두 번째 ○에 10 입력하기 ➡ 붓 블록 영역의 〈도장 찍기〉 블록과 움직임 블록 영역의 〈X좌표를 ~만큼 바꾸기〉 블록 연결하기 : X좌표 값 30 입력하기

읽은 독서량만큼 책 오브젝트가 그래프처럼 나타나기 위한 2가지 방법

1. 십의 단위는 조금 더 큰 책 오브젝트로 표현
   : 예를 들어 45권을 읽었다고 했을 때 십의 자리가 4이므로 조금 더 큰 책 오브젝트가 4권 표시되어야 합니다. 따라서 45를 10으로 나누었을 때 몫인 4에 해당하므로 (대답 / 10 의 몫)으로 표현할 수 있습니다.

2. 일의 단위는 그보다 작은 책 오브젝트로 표현
   : 예를 들어 45권을 읽었다고 했을 때 일의 자리가 5이므로 그보다 작은 책 오브젝트가 5권 표시되어야 합니다. 따라서 45를 10으로 나누었을 때 나머지인 5에 해당하므로 (대답 / 10 의 나머지)으로 표현할 수 있습니다.

❹ 생김새 블록 영역의 〈모양 숨기기〉 ➡ 움직임 블록 영역의 〈X좌표를 ~만큼 바꾸기〉 : 원래 자리로 돌아가기 위해 〈대답/10의 몫〉과 〈대답/10의 나머지〉의 합에 '-30'만큼 곱한 값만큼 X좌표의 위치를 바꾸기 ➡ 움직임 블록 영역의 〈Y좌표를 ~만큼 바꾸기〉 : -50 입력하기

❺ ❷~❹를 4번 반복하도록 흐름 블록 영역의 〈~번 반복하기〉 블록 속에 넣기

★ 문제 프로젝트 : https://goo.gl/du3dyz
★ 답안 예시 프로젝트 : https://goo.gl/vfeLX4

(1) 연도별 쓰레기 배출량을 그래프로 표현하는 프로젝트를 완성해봅시다.

(2) 2012년에서 2016년까지 5년 동안 배출된 쓰레기 배출량을 묻고, 그래프로 답하려면 어떻게 해야 할지 잘 생각해봅시다.

7장

[수학] 원 넓이 구하기(1)

함수 블록은 여러 개의 블록을 조합하여 하나의 이름으로 지정해서 새로운 기능을 만들 수 있는 명령어 블록입니다. 함수 블록을 사용해 원의 넓이를 구해봅시다.

★ **완성 프로젝트** : https://goo.gl/1T7oTy
★ **프로젝트 확인** : 실행하기 버튼을 클릭해서 완성할 이야기를 확인해봅시다.

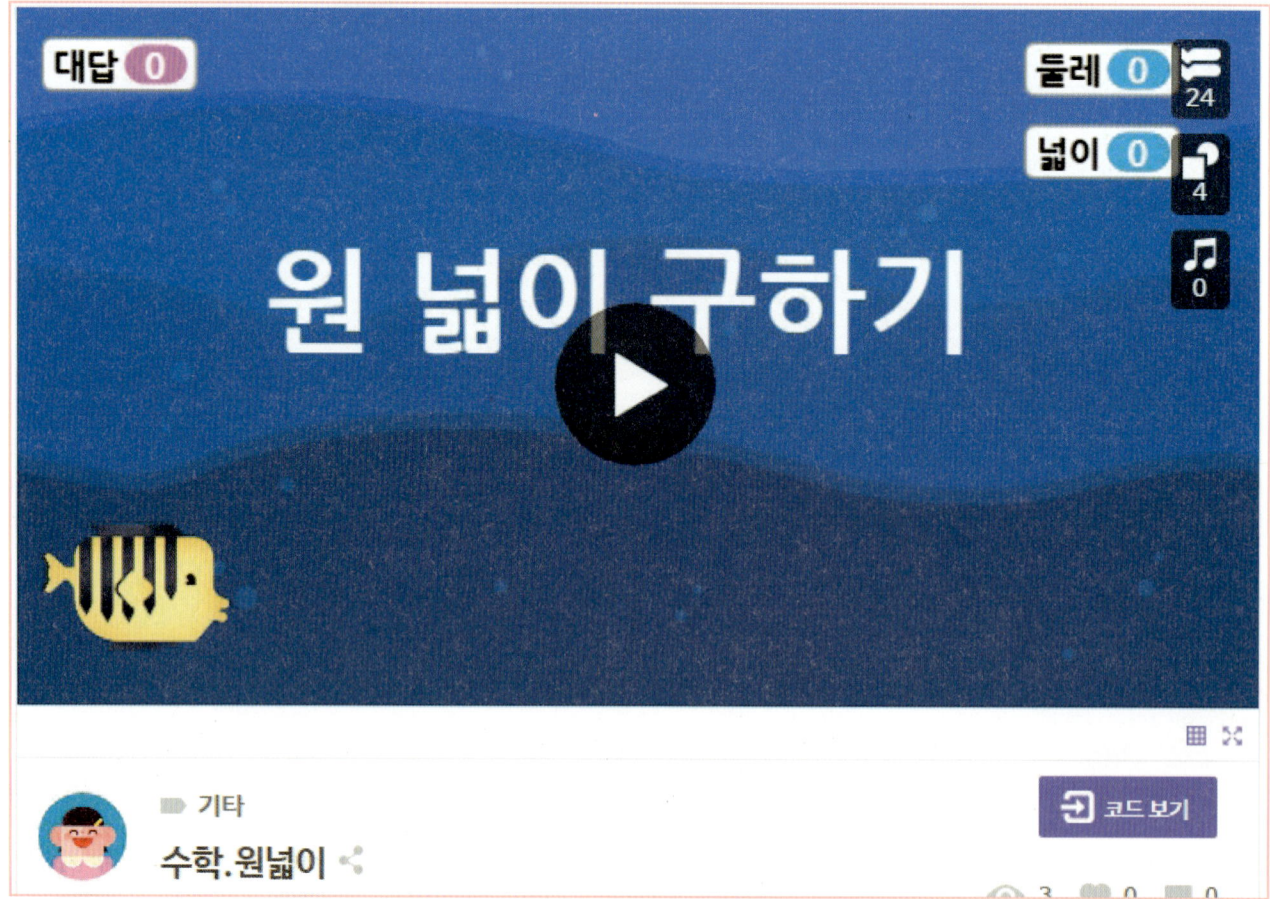

POINT 01 교과 내용 파악하기

1. 교과 연계 : 6학년 1학기 5단원. 원의 넓이

2. 교과 핵심 내용 : 원의 둘레와 넓이를 구할 수 있습니다.
   (1) 원의 둘레 구하는 방법 : 2×원주율×반지름
   (2) 원의 넓이 구하는 방법 : 원주율×반지름×반지름

3. 교과 핵심 확인 문제

다음 빈 칸에 들어갈 말이 무엇인지 생각해봅시다. (   )

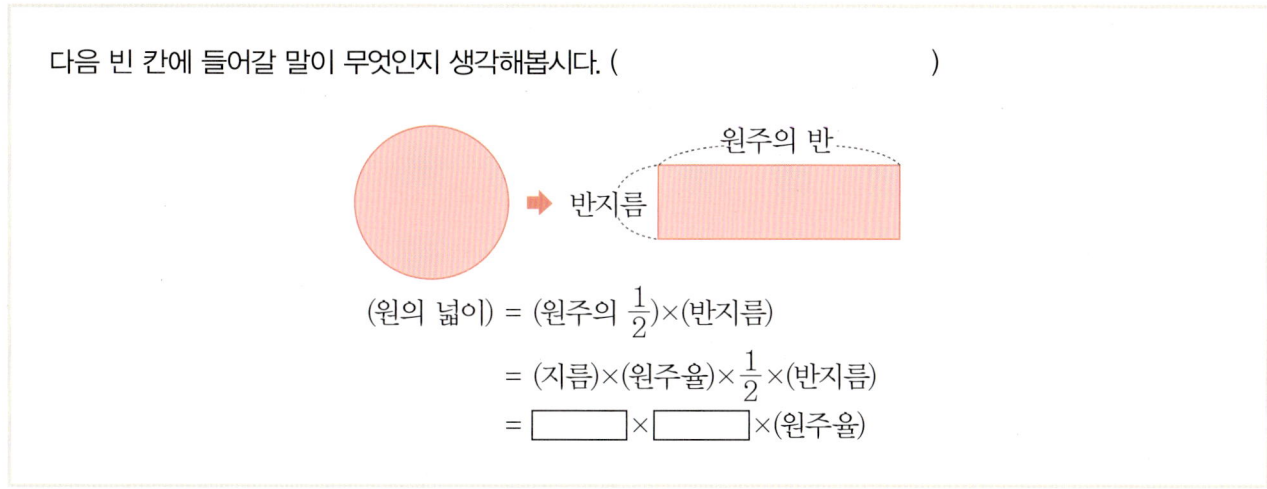

POINT 02 블록 이해하기

① [함수 정의하기][함수] : 자주 쓰는 코드를 이 블록 아래에 조립하여 함수로 만듭니다. [함수 정의하기]의 오른쪽 빈칸에 [이름]을 조립하여 함수의 이름을 정할 수 있습니다. 함수를 실행하는데 입력 값이 필요한 경우 빈칸에 [문자/숫자값], [판단값]을 조립하여 매개변수로 사용합니다.

② [판단값] : 해당 함수를 실행하는데 참 또는 거짓의 판단이 필요한 경우, 빈칸 안에 조립하여 매개변수로 활용합니다. 이 블록 내부의 [판단값]을 분리하여 함수의 코드 중 필요한 부분에 넣어 사용합니다.

③ [문자/숫자값] : 해당 함수를 실행하는데 문자/숫자값이 필요한 경우, 빈칸 안에 조립하여 매개변수로 활용합니다. 이 블록 내부의 [문자/숫자값]을 분리하여 함수의 코드 중 필요한 부분에 넣어 사용합니다.

④ [이름] : [함수 정의하기]의 빈칸 안에 조립하고 이름을 입력하여 함수의 이름을 정해줍니다.

함수란 무엇인가요?

특정한 행동을 수행하는 명령어들의 집합을 하나의 명령어로 묶어놓은 것을 함수라고 합니다. 필요한 함수를 정의하고, 필요할 때마다 호출하여 사용할 수 있어 효율적인 프로그램을 만들 수 있습니다. 속성 탭에서 함수를 클릭하여 함수 추가로 함수 만들기를 하거나 블록 꾸러미에 있는 함수 블록 영역의 함수 만들기를 직접 클릭해서 만들 수 있습니다.

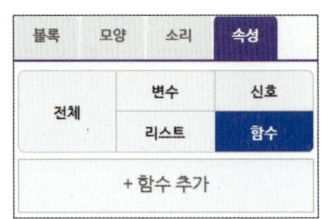

POINT 03 생각하기

1. 알고리즘 설계하기

원 넓이 구하기

① 오브젝트 추가 및 자리배치하기
  - 추가할 오브젝트 : 바닷속, 물고기, 글상자
② 원 넓이 구하기를 클릭하면 반지름이 얼마인지 묻기
③ 반지름 값을 입력하면 둘레와 넓이 계산하기
④ 계속 할 것인지 그만할 것인지 묻기

2. 한눈에 보기

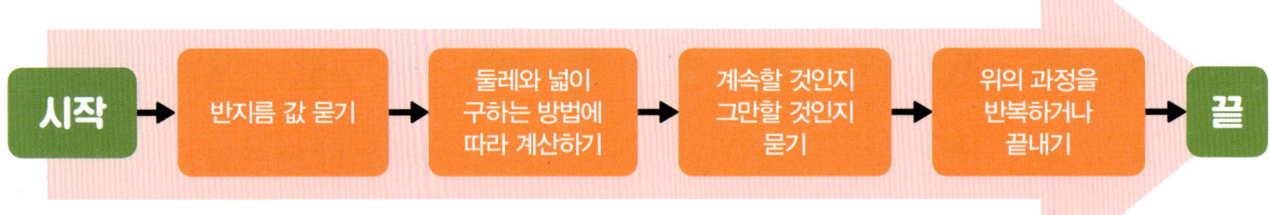

POINT 04 프로젝트 시작하기

1. 오브젝트 추가 및 자리배치하기

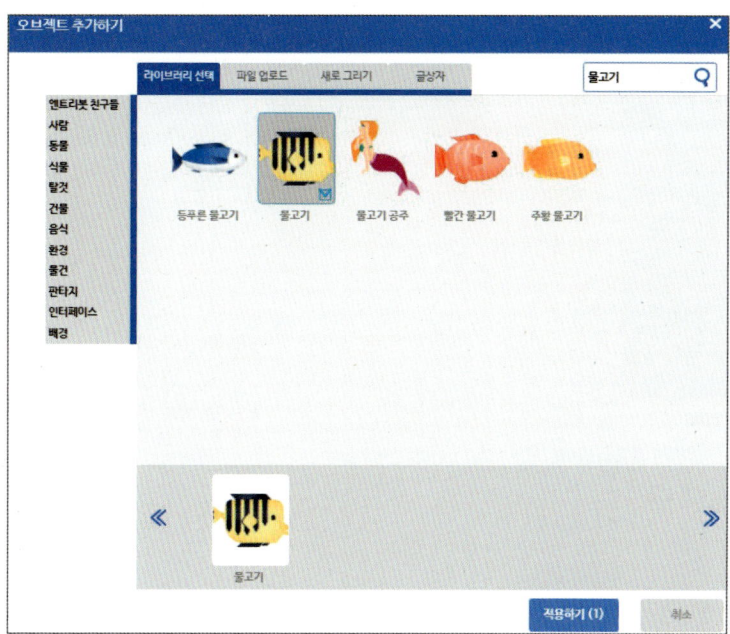

❶ 오브젝트 추가하기 : 바닷속, 물고기, 글상자 오브젝트

❷ 오브젝트 자리배치하기 : 적절한 위치에 오브젝트 자리 잡기

2. 글상자 오브젝트에 첫 번째 명령어 블록 쌓기

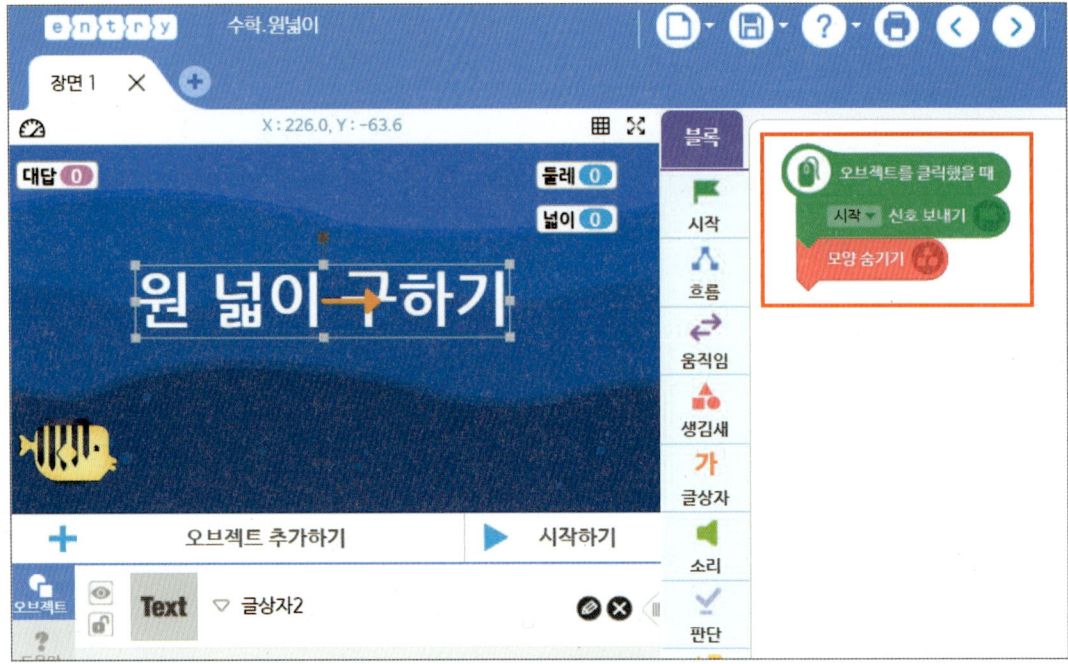

시작 블록 영역의 〈오브젝트를 클릭했을 때〉 ➡ 속성 탭에서 "시작" 신호 만들기 ➡ 시작 블록 영역의 〈~신호 보내기〉 블록 연결하기 ➡ 생김새 블록 영역의 〈모양 숨기기〉 블록 연결하기

3. 물고기 오브젝트에 명령어 블록 쌓기 1

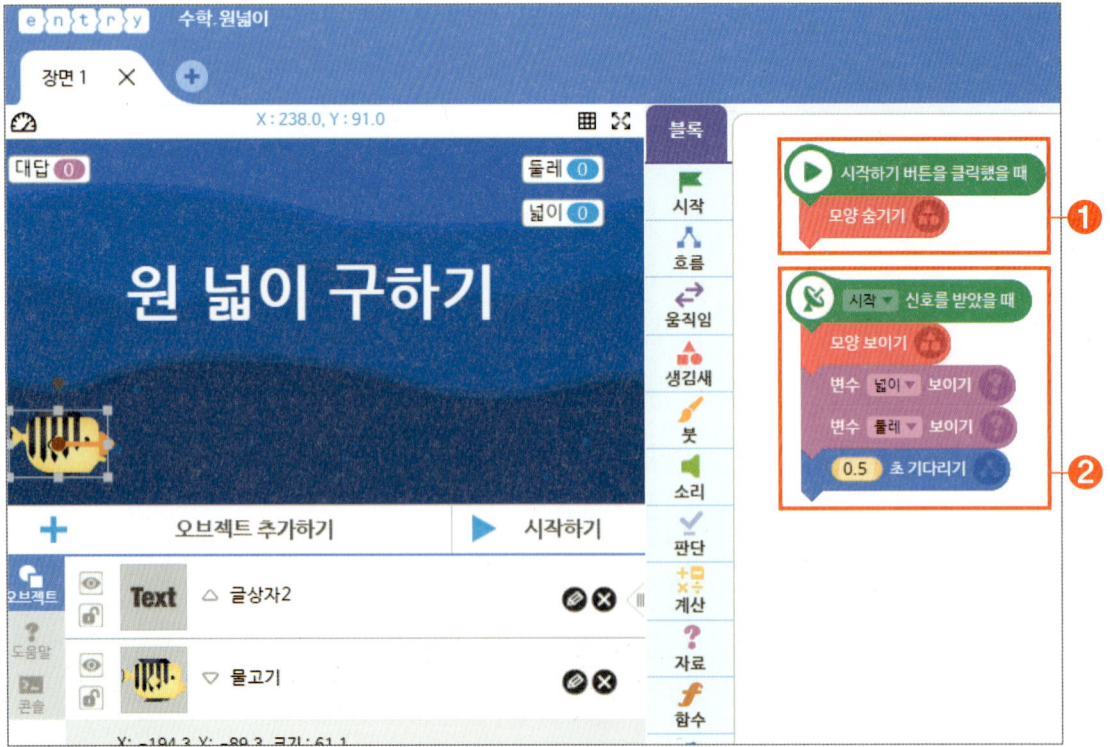

❶ 시작 블록 영역의 〈시작하기 버튼을 클릭했을 때〉 ➡ 생김새 블록 영역의 〈모양 숨기기〉 블록 연결하기

❷ 시작 블록 영역의 〈시작 신호를 받았을 때〉 ➡ 생김새 블록 영역의 〈모양 보이기〉 블록 연결하기 ➡ 속성 탭에서 "넓이", "둘레" 변수 만들기 ➡ 자료 블록 영역의 〈변수 ~보이기〉 블록 각각 연결하기 ➡ 흐름 블록 영역의 〈~초 기다리기〉 : 0.5초 입력하기

8장 [수학] 원 넓이 구하기(2)

앞 장에서 만든 원 넓이 구하기(1)을 이어서 만들어봅시다. 함수를 정의해서 사용하는 방법을 알아보도록 합니다.

 ★ 완성 프로젝트 : https://goo.gl/1T7oTy
★ 프로젝트 확인 : 실행하기 버튼을 클릭해서 완성할 프로젝트를 확인해봅시다.

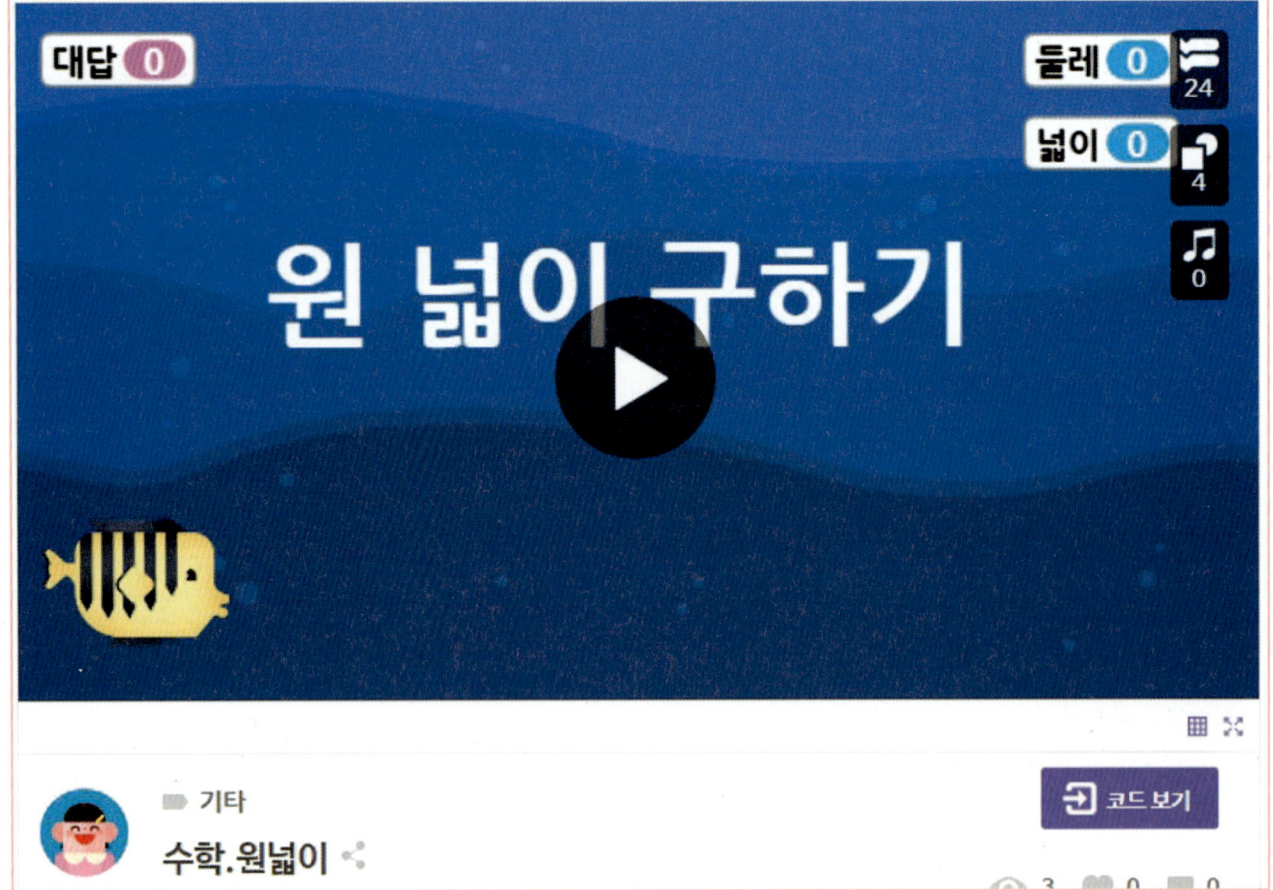

POINT 01 교과 내용 파악하기

1. 알고리즘 설계하기

원 넓이 구하기
1. 오브젝트 추가 및 자리배치하기
   - **추가할 오브젝트** : 바닷속, 물고기, 글상자
2. 원 넓이 구하기를 클릭하면 반지름이 얼마인지 묻기
3. 반지름 값을 입력하면 둘레와 넓이 계산하기
4. 계속 할 것인지 그만할 것인지 묻기

2. 한눈에 보기

시작 → 반지름 값 묻기 → 둘레와 넓이 구하는 방법에 따라 계산하기 → 계속할 것인지 그만할 것인지 묻기 → 위의 과정을 반복하거나 끝내기 → 끝

POINT 02 프로젝트 시작하기

1. 물고기 오브젝트에 명령어 블록 쌓기 2

❶~❷은 앞 장에서 만들었습니다.

❸ 속성 탭에서 함수 추가 또는 함수 블록 영역의 함수 만들기 클릭하기 ➡ 함수를 정의할 수 있는 새로운 화면이 나옴 ➡ 이름 블록을 선택하여 '원의 둘레와 넓이' 입력하기 ➡ 〈원의 둘레와 넓이〉 함수 정의하기 ❶, ❷, ❸ : 71, 72쪽 참고 ➡ 정의한 함수 〈원의 둘레와 넓이〉 연결하기

2. 원의 둘레와 넓이 함수 정의하기

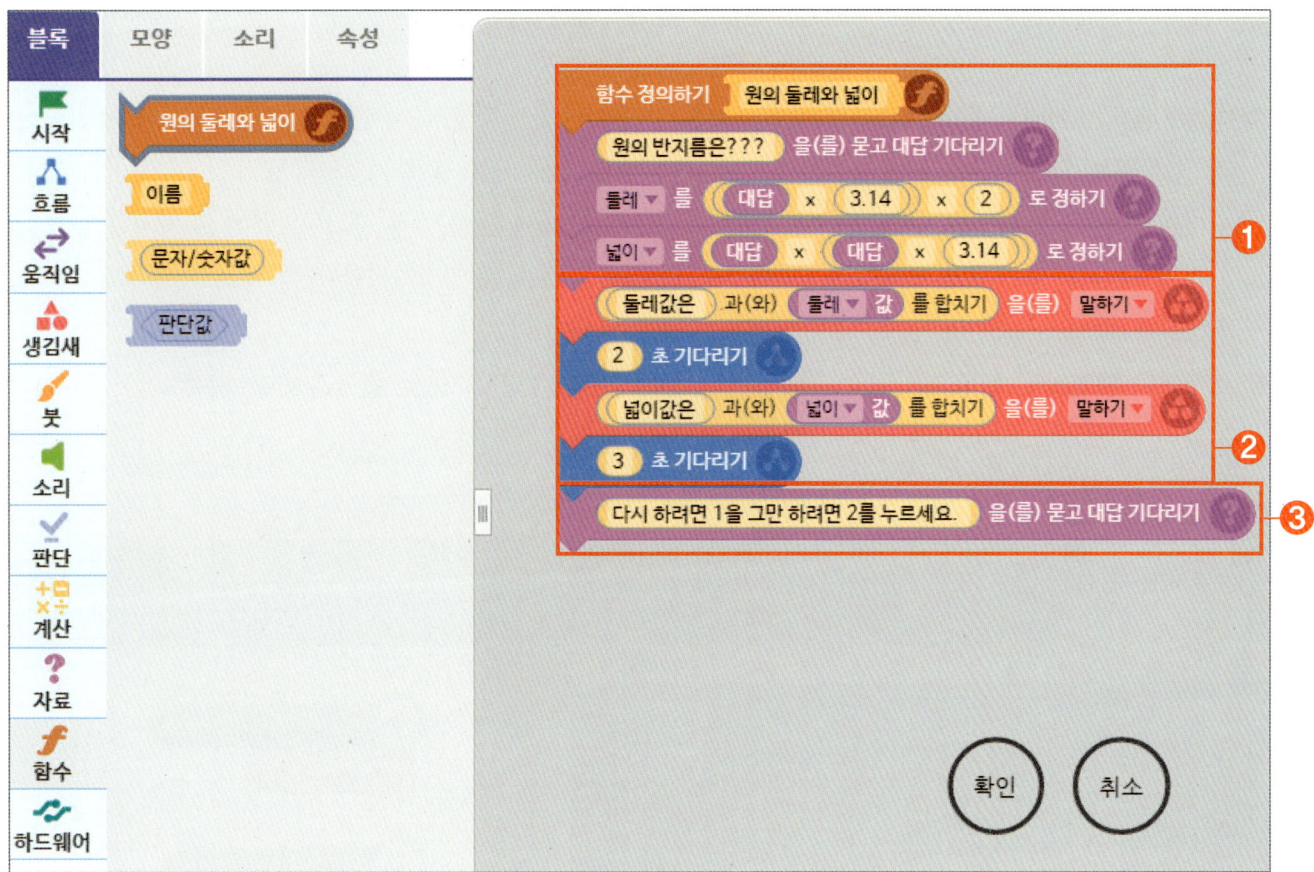

❶ 자료 블록 영역의 〈~을 묻고 대답 기다리기〉 : '원의 반지름은?' 입력하기
- 둘레 구하기 : 자료 블록 영역의 〈둘레를 ~로 정하기〉 블록 가져오기 ➡ 계산 블록 영역의 (○×○) 블록 속 첫 번째 ○에 (○×○) 블록 넣기 ➡ 둘레 구하는 식은 반지름 × 원주율(3.14) × 2이므로 각 ○ 속에 이에 해당하는 값 넣기 (반지름은 대답으로 들어오는 입력 값이므로 자료 블록 영역의 선택하여 넣기)
- 넓이 구하기 : 자료 블록 영역의 〈넓이를 ~로 정하기〉 블록 가져오기 ➡ 계산 블록 영역의 (○×○) 블록 속 첫 번째 ○에 (○×○) 블록 넣기 ➡ 넓이 구하는 식은 반지름 × 반지름 × 원주율(3.14)이므로 각 ○ 속에 이에 해당하는 값 넣기 (반지름은 대답으로 들어오는 입력 값이므로 자료 블록 영역의 선택하여 넣기)

❷ 생김새 블록 영역의 〈~을(를) 말하기〉 ➡ 계산 블록 영역의 〈~와 ~을 합치기〉 블록을 가져와 넣고 첫 번째 값란에 '둘레 값은' 입력하기 ➡ 두 번째 값란에 자료 블록 영역의 〈둘레 값〉 블록 가져와서 넣기
- 생김새 블록 영역의 〈~을(를) 말하기〉 ➡ 계산 블록 영역의 〈~와 ~을 합치기〉 블록을 가져와 넣고 첫 번째 값란에 '넓이 값은' 입력하기 ➡ 두 번째 값란에 자료 블록 영역의 〈넓이값〉 블록 가져와서 넣기
- 생김새 블록 사이에 〈~초 기다리기〉 : 각각 2초, 3초씩 입력하기

❸ 자료 블록 영역의 〈~을 묻고 대답 기다리기〉 : '다시 하려면 1을 그만 하려면 2를 누르세요.' 입력하기

3. 물고기 오브젝트에 명령어 블록 쌓기 3

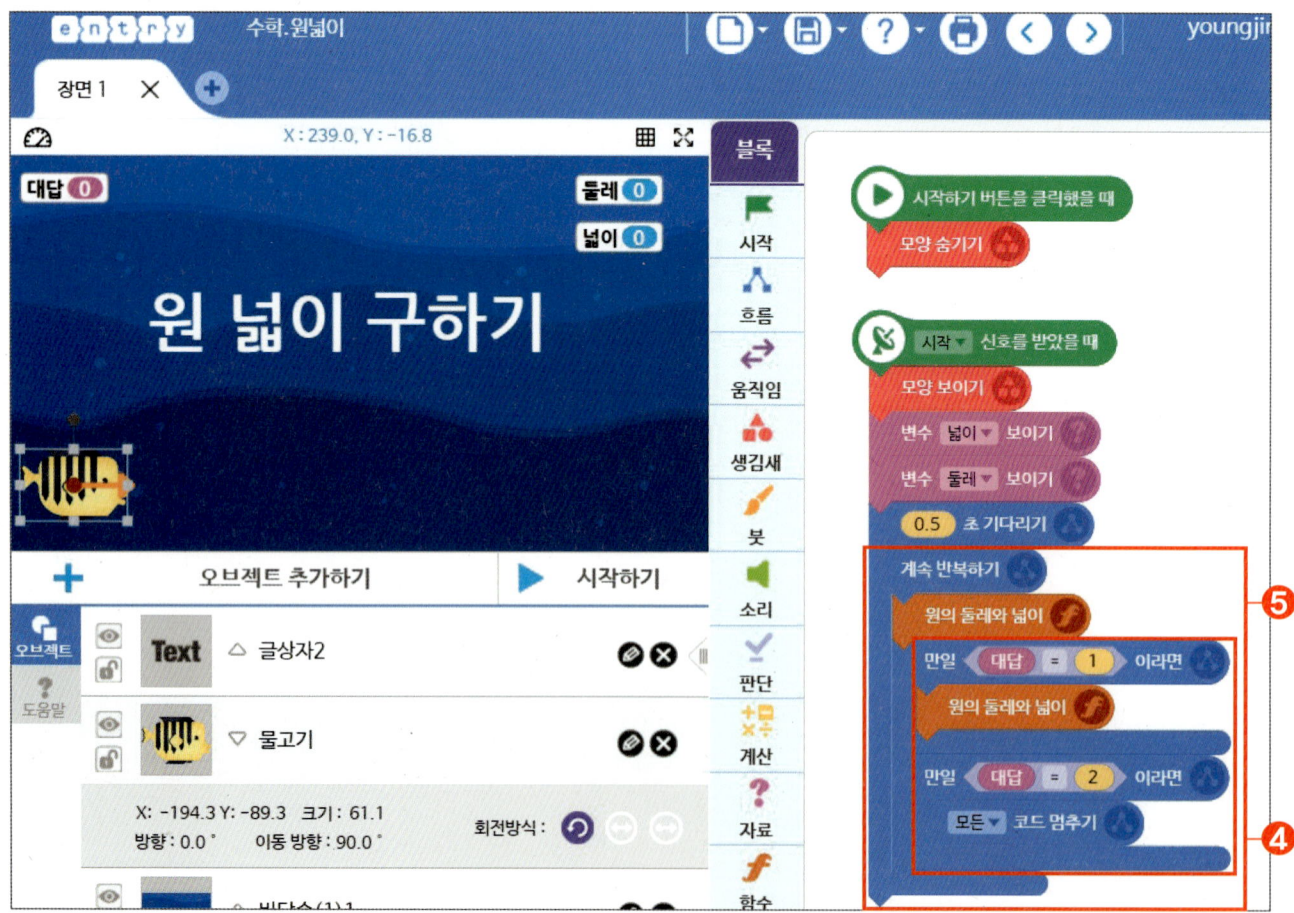

❹ 흐름 블록 영역의 〈만일~이라면〉 블록 속에 판단 블록 영역의 〈○=○〉 블록을 가져와 넣고 첫 번째 ○에 자료 블록 영역의 〈대답〉 블록을 넣고 두 번째 ○에 '1' 넣기 ➡ '1'을 선택한 경우 다시 계산해야 하므로 정의한 함수 〈원의 둘레와 넓이〉 넣기 ➡ 흐름 블록 영역의 〈만일~이라면〉 블록 속에 판단 블록 〈○=○〉 블록을 가져와 넣고 첫 번째 ○에 자료 블록 영역의 〈대답〉 블록을 넣고 두 번째 ○에 '2' 넣기 ➡ '2'를 선택한 경우 프로그램을 멈춰야 하므로 흐름 블록 영역의 〈모든 코드 멈추기〉 블록 연결하기

❺ 흐름 블록 영역의 〈계속 반복하기〉 블록을 가져와 ❹번 과정에서 만든 블록 넣고 연결하기

4. 글상자 오브젝트에 두 번째 명령어 블록 쌓기

시작 블록 영역의 〈시작하기 버튼을 클릭했을 때〉 ➡ 자료 블록 영역의 〈대답 숨기기〉, 〈변수 넓이 숨기기〉, 〈변수 둘레 숨기기〉 블록을 가져와 연결하기

★ 문제 프로젝트 : https://goo.gl/qu7U04
★ 답안 예시 프로젝트 : https://goo.gl/SxC2sS

(1) 정사각형의 둘레와 넓이를 구하는 프로젝트를 완성해봅시다.

(2) 정사각형의 둘레와 넓이를 구하는 방법을 잘 생각하여 문제를 해결해봅시다.

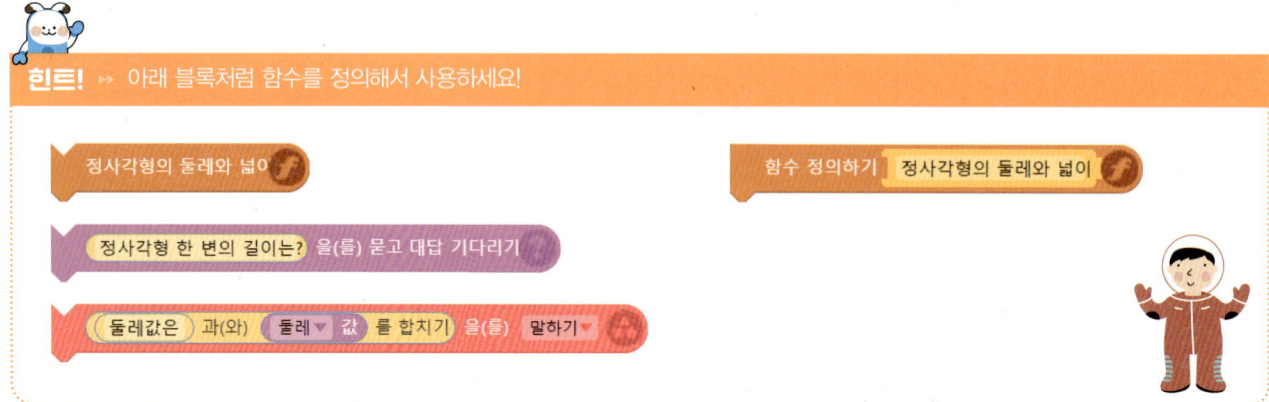

[사회] 다양한 가족

생김새 블록은 오브젝트의 모양, 크기, 색깔을 바꾸어 주거나 오브젝트를 숨겼다가 다시 보여주는 명령어 블록입니다. 생김새 블록을 활용하여 다양한 가족의 모습을 보여주는 화면을 만들어봅시다.

★ **완성 프로젝트 :** https://goo.gl/DVJV5o
★ **프로젝트 확인 :** 실행하기 버튼을 클릭해서 완성할 프로그램을 확인해봅시다.

POINT 01 교과 내용 파악하기

1. **교과 연계** : 4학년 2학기 2-1단원. 현대 사회의 다양한 가족들

2. **교과 핵심 내용** : 현대 사회에 존재하는 다양한 가족의 형태를 알 수 있습니다.
   (1) 오늘날 우리 사회의 여러 가지 가족 형태를 알고 그 다양성 받아들이기
   (2) 확대가족과 핵가족의 차이점을 알고 사회가 변화하면 가족의 형태도 변화함을 인식하기
   (3) 가족 문제의 해결 방법을 찾고 바람직한 가족 구성원의 역할을 이해하기

3. **교과 핵심 확인 문제**

> 확대가족과 핵가족에 대한 설명 중 잘못된 내용은 무엇인지 모두 찾아보시오.
> (   )
>
> ① 확대가족은 부모와 결혼한 자녀가 함께 산다.
> ② 핵가족은 자녀가 없이 결혼한 사람끼리만 함께 산다.
> ③ 확대가족은 가족의 수가 많은 편이다.
> ④ 핵가족은 확대가족에 비해 가족의 수가 상대적으로 적은 편이다.
> ⑤ 오늘날에는 사회의 변화로 확대가족이 점점 늘어나고 있다.

POINT 02 블록 이해하기

❶ `모양 보이기` : 해당 오브젝트를 화면에 나타냅니다.

❷ `모양 숨기기` : 해당 오브젝트를 화면에 보이지 않도록 합니다.

❸ `안녕! 을(를) 말하기` : 입력된 내용을 해당 오브젝트가 말하듯 보이게 합니다.

❹ `대상없음 ▼ 신호 보내기` : 특정 오브젝트에 정해진 신호를 보냅니다.

글상자 오브젝트 추가하는 방법 알아보기

❶ 글자 모양 : 글씨체, 굵기, 밑줄, 기울이기, 글자색, 음영색 등
❷ 내용 입력 : 추가하고자 하는 내용 입력
❸ 글상자의 크기 결정
❹ 입력한 내용을 글상자 오브젝트로 실행 창에 적용

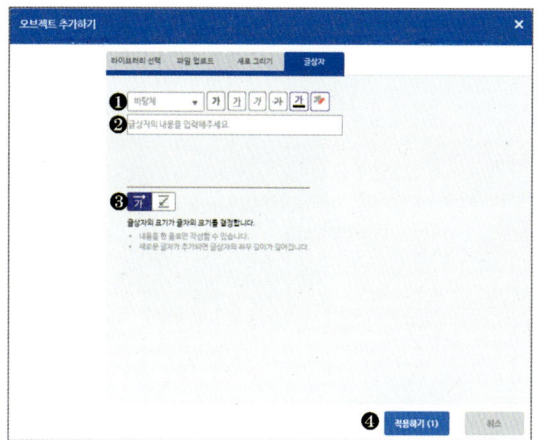

▲ 오브젝트추가하기-글상자-글자 입력

POINT 03 생각하기

1. 알고리즘 설계하기

장면1

❶ 오브젝트 추가 및 자리배치하기
  • **추가할 오브젝트** : 학교 강당, 할아버지, 할머니, 바쁜 회사원(아빠 역), 승무원(엄마 역), 학생(나 역), 글상자(확대가족, 핵가족) 2개
❷ 프로그램이 시작하면 글상자 오브젝트만 남고 나머지는 숨기기
❸ '확대가족' 오브젝트를 클릭하면 확대가족의 구성원들이 나타나면서 '할아버지-할머니-아빠-엄마-나'의 순서대로 말하기
❹ '핵가족'을 오브젝트를 클릭하면 핵가족의 구성원들이 나타나면서 '아빠-엄마-나'의 순서대로 말하기(단, 확대가족이 나타난 상태에서 핵가족 오브젝트를 클릭하면 관련 없는 가족 구성원은 숨기기)

2. 한눈에 보기

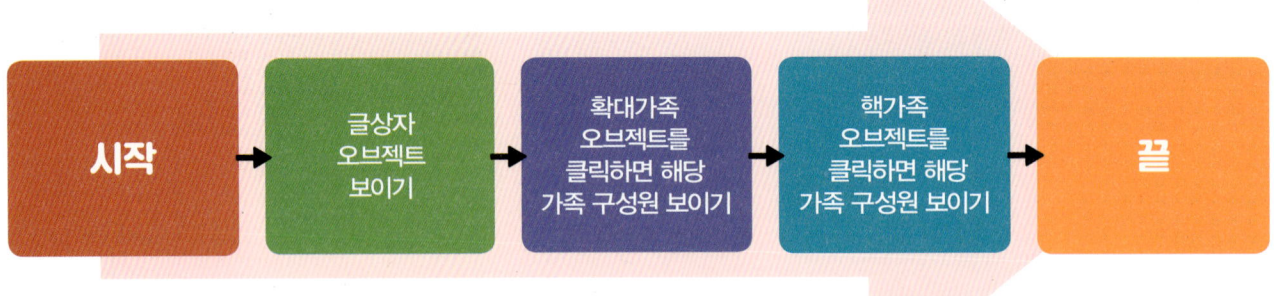

POINT 04 프로젝트 시작하기

1. 오브젝트 추가 및 자리배치하기

❶ 오브젝트 추가하기 : 학교 강당, 할아버지, 할머니, 바쁜 회사원(아빠 역), 승무원(엄마 역), 학생(나 역), 글상자(확대가족, 핵가족) 오브젝트 2개
  – 배경으로 쓰일 학교 강당 오브젝트를 추가하기
  – 할아버지, 할머니, 바쁜 회사원, 승무원, 학생 오브젝트 추가하기
  – '확대가족', '핵가족' 글상자 오브젝트 추가하기
    ① 오브젝트 추가하기 – 글상자 선택
    ② 글씨체, 굵기, 밑줄, 글자색, 배경색, 글상자의 내용 등 입력하기 : 바탕체, 가운데 정렬, 글자색 검정, 음영색 흰색, '확대가족', '핵가족' 입력
    ③ 글상자의 크기 및 글자 크기 바꾸기
❷ 오브젝트 자리배치하기 : '할아버지–할머니–아빠–엄마–나'의 순서대로 배치하기

인물 오브젝트의 각각 역할은 말풍선을 이용하여 설명할 예정이므로 유사한 오브젝트로 삽입하되 이해하기 쉽도록 할아버지–할머니–아빠–엄마–나와 같은 순서로 배치하기

2. 오브젝트의 순서/상태 바꾸기

모양 탭의 이름은 바뀌지 않으므로, 변경을 원할 경우에는 모양 탭을 선택하여 모양별로 이름을 바꾸어 입력합니다.

❶ 오브젝트 목록에서 해당 오브젝트의 연필모양 아이콘 클릭하기

❷ 오브젝트의 이름을 선택하여 원하는 이름으로 변경하기

❸ 오브젝트의 세밀한 위치 조정하기
  - 오브젝트의 X, Y좌표 값을 직접 지정하여 정확한 위치(Y좌표 값을 −50으로 통일)를 조절하기

❹ 표현하고자 하는 대로 오브젝트의 순서 정리하기

> 오브젝트 목록에서 아래에 있을수록 실행 창에서 그림이 아래쪽으로 가게 됩니다. 예를 들어 할아버지 오브젝트가 배경 오브젝트 보다 아래쪽에 위치할 경우 할아버지 오브젝트가 보이지 않습니다.

3. '확대가족' 글상자 오브젝트 명령어 블록 쌓기

❶ 속성 탭 ➡ 〈신호〉 ➡ 〈신호 추가〉 ➡ "핵가족", "확대가족" 신호 추가하기

❷ 확대가족 오브젝트를 선택하고 시작 블록 영역의 〈오브젝트를 클릭했을 때〉 ➡ 시작 블록 영역의 〈확대 가족 신호 보내기〉 블록 연결하기

❸ 핵가족 오브젝트를 선택하고 시작 블록 영역의 〈오브젝트를 클릭했을 때〉 ➡ 시작 블록 영역의 〈핵가족 신호 보내기〉 명령어 블록 연결하기

4. 할아버지 오브젝트에 명령어 블록 쌓기

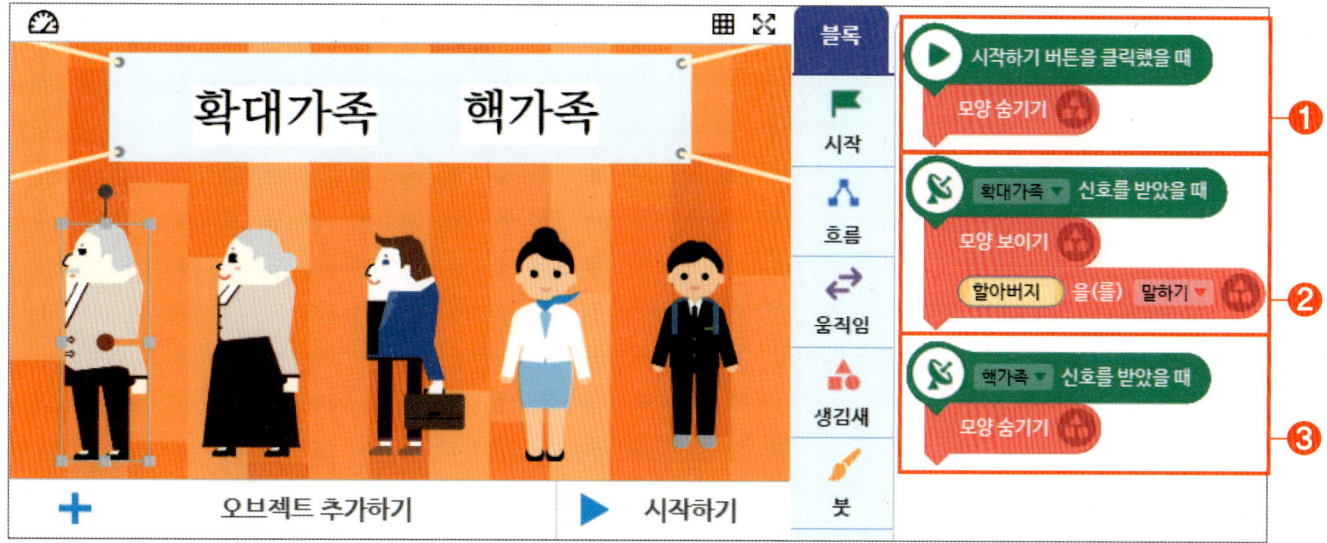

9장 | [사회] 다양한 가족 **81**

❶ 시작 블록 영역의 〈시작하기 버튼을 클릭했을 때〉 ➡ 생김새 블록 영역의 〈모양 숨기기〉 블록 연결하기

❷ 시작 블록 영역의 〈확대가족 신호를 받았을 때〉 ➡ 생김새 블록 영역의 〈모양 보이기〉 블록 연결하기 ➡ 생김새 블록 영역의 〈~을(를) 말하기〉 : '할아버지' 입력하기

❸ 시작 블록 영역의 〈핵가족 신호를 받았을 때〉 ➡ 생김새 블록 영역의 〈모양 숨기기〉 블록 연결하기

5. 할머니 오브젝트에 명령어 블록 쌓기

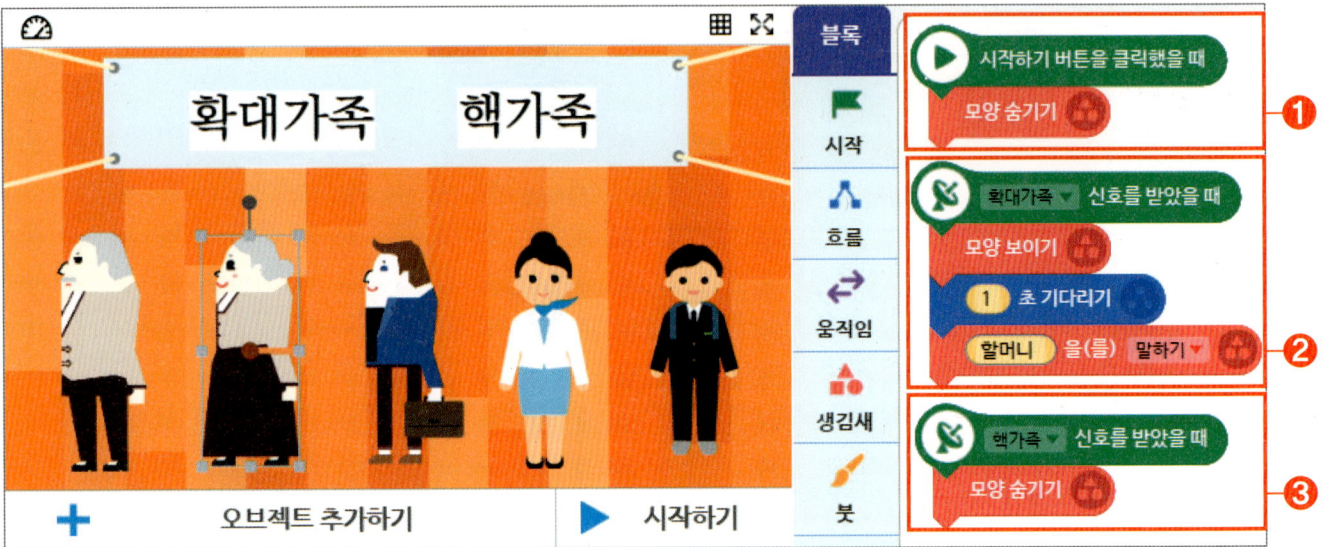

❶ 시작 블록 영역의 〈시작하기 버튼을 클릭했을 때〉 ➡ 생김새 블록 영역의 〈모양 숨기기〉 블록 연결하기

❷ 시작 블록 영역의 〈확대가족 신호를 받았을 때〉 ➡ 생김새 블록 영역의 〈모양 보이기〉 블록 연결하기 ➡ 흐름 블록 영역의 〈~초 기다리기〉 : 1초 입력하기 ➡ 생김새 블록 영역의 〈~을(를) 말하기〉 : '할머니' 입력하기

❸ 시작 블록 영역의 〈핵가족 신호를 받았을 때〉 ➡ 생김새 블록 영역의 〈모양 숨기기〉 블록 연결하기

6. 바쁜 회사원(아빠 역) 오브젝트에 명령어 블록 쌓기

❶ 시작 블록 영역의 〈시작하기 버튼을 클릭했을 때〉 ➡ 생김새 블록 영역의 〈모양 숨기기〉 블록 연결하기

❷ 시작 블록 영역의 〈확대가족 신호를 받았을 때〉 ➡ 생김새 블록 영역의 〈모양 보이기〉 블록 연결하기 ➡ 흐름 블록 영역의 〈~초 기다리기〉 : 2초 입력하기 ➡ 생김새 블록 영역의 〈~을(를) 말하기〉 : '아빠' 입력하기

❸ 시작 블록 영역의 〈핵가족 신호를 받았을 때〉 ➡ 생김새 블록 영역의 〈모양 보이기〉 블록 연결하기 ➡ 생김새 블록 영역의 〈~을(를) 말하기〉 : '아빠' 입력하기

7. 승무원(엄마 역) 오브젝트 명령어 블록 쌓기

❶ 시작 블록 영역의 〈시작하기 버튼을 클릭했을 때〉 ➡ 생김새 블록 영역의 〈모양 숨기기〉 블록 연결하기

❷ 시작 블록 영역의 〈확대가족 신호를 받았을 때〉 ➡ 생김새 블록 영역의 〈모양 보이기〉 블록 연결하기 ➡ 흐름 블록 영역의 〈~초 기다리기〉 : 3초 입력하기 ➡ 생김새 블록 영역의 〈~을(를) 말하기〉 : '엄마' 입력하기

❸ 시작 블록 영역의 〈핵가족 신호를 받았을 때〉 ➡ 생김새 블록 영역의 〈모양 보이기〉 블록 연결하기 ➡ 흐름 블록 영역의 〈~초 기다리기〉 : 1초 입력하기 ➡ 생김새 블록 영역의 〈~을(를) 말하기〉 : '엄마' 입력하기

8. 학생(나 역) 오브젝트에 명령어 블록 쌓기

❶ 시작 블록 영역의 〈시작하기 버튼을 클릭했을 때〉 ➡ 생김새 블록 영역의 〈모양 숨기기〉 블록 연결하기

❷ 시작 블록 영역의 〈확대가족 신호를 받았을 때〉 ➡ 생김새 블록 영역의 〈모양 보이기〉 블록 연결하기 ➡ 흐름 블록 영역의 〈~초 기다리기〉 : 4초 입력하기 ➡ 생김새 블록 영역의 〈~을(를) 말하기〉 : '나' 입력하기

❸ 시작 블록 영역의 〈핵가족 신호를 받았을 때〉 ➡ 생김새 블록 영역의 〈모양 보이기〉 블록 연결하기 ➡ 흐름 블록 영역의 〈~초 기다리기〉 : 2초 입력하기 ➡ 생김새 블록 영역의 〈~을(를) 말하기〉 : '나' 입력하기

★ 문제 프로젝트 : https://goo.gl/VLzZCs
★ 답안 예시 프로젝트 : https://goo.gl/kLuqES

(1) 우리 가족은 어떤 형태인지, 가족 구성원은 누구인지를 알려주는 프로젝트입니다. 글상자 오브젝트와 우리 가족 신호 보내기를 활용하여 프로젝트를 완성해봅시다.

(2) 실제로 여러분의 가족 구성원에 맞게 숫자나 인물을 다르게 완성해도 됩니다.

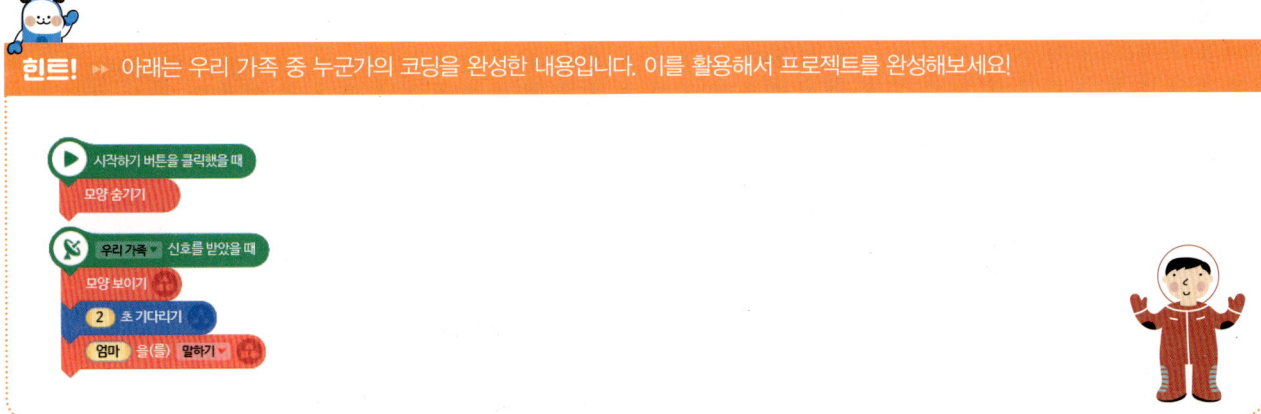

9장 | [사회] 다양한 가족 85

10장 [사회] 고조선 건국이야기(1)

시작 블록은 어떤 사건이 발생했을 때 특정 동작을 실행시키는 명령어 블록입니다. 시작 블록 중 '신호' 및 '장면'과 관련된 블록을 사용해 애니메이션을 만들어봅시다.

★ 완성 프로젝트 : https://goo.gl/cXhRi2
★ 프로젝트 확인 : 실행하기 버튼을 클릭해서 완성할 프로젝트를 확인해봅시다.

기타
사회. 고조선 건국이야기

POINT 01 교과 내용 파악하기

1. **교과 연계** : 5학년 2학기 사회 1-2단원. 최초의 국가 고조선

2. **교과 핵심 내용** : 단군왕검 이야기를 통해 고조선의 건국 과정과 역사적 의미를 알 수 있습니다.

   (1) 단군왕검 이야기

   > 하늘나라를 다스리는 환인에게는 환웅이라는 아들이 있었습니다. 환웅은 인간 세상으로 내려가고 싶어 하였습니다. 환인이 환웅의 마음을 알고 세상을 보니 널리 인간을 이롭게 할 만하여 허락하였습니다. 그리고 천부인이라는 하늘의 증표 세 개를 주어 땅으로 내려가 다스리게 하였습니다.
   >
   > 환웅은 바람, 비, 구름을 다스리는 신하와 3000명의 무리를 이끌고 태백산 꼭대기에 있는 신단수 아래로 내려왔습니다. 환웅은 그곳을 신시라고 부르고 곡식, 질병, 형벌, 선악 등 360여 가지나 되는 인간의 일을 다스리기 시작했습니다.
   >
   > 그러던 어느 날, 곰과 호랑이 한 마리가 환웅을 찾아와 사람이 되게 해 달라고 빌었습니다. 환웅은 두 짐승의 마음이 간절하여 쑥과 마늘을 주며 말했습니다. "이 쑥과 마늘을 먹으며 100일 동안 동굴 안에서 햇빛을 보지 않도록 한다면 사람이 될 수 있을 것이다" 곰과 호랑이는 쑥과 마늘을 가지고 어두운 동굴로 들어가 쑥과 마늘을 먹기로 했습니다. 하지만 쑥과 마늘만으로 동굴 안에서 견디는 일은 매우 힘이 들었습니다. 결국 호랑이는 참지 못하고 먼저 동굴 밖으로 뛰쳐나가고 말았습니다. 하지만 곰은 끝까지 참아내며 21일 만에 여자로 변하였습니다. 환웅은 이 여자에게 웅녀란 이름을 주고, 결혼을 하였습니다. 그리고 환웅과 웅녀 사이에서 자식이 태어났는데 이 분이 바로 단군왕검입니다. 단군왕검은 자라서 훗날 아사달을 도읍으로 정하고 조선이라는 나라를 세웠습니다. 우리는 이후의 태조 이성계가 세운 조선과 구분하기 위하여 당시의 나라 이름을 고조선이라고 부릅니다.

3. **교과 핵심 확인 문제**

   환웅이 비, 바람, 구름을 다스리는 신하들과 함께 내려왔다는 것은 무엇을 의미할까요?
   (   )

   ① 고조선은 비와, 바람, 구름 등 날씨가 좋지 않은 지역이었다.
   ② 환인이 다스리는 하늘나라도 왕과 신하가 있는 계급사회였다.
   ③ 비, 바람, 구름을 다스리는 신하임을 볼 때 모두 다 인간이 아니었다.
   ④ 환인은 아들인 환웅을 매우 사랑하여 귀한 신하도 아낌없이 내주었다.
   ⑤ 당시에도 농사는 매우 중요했으며, 지배자는 농사를 잘 되게 하는 능력을 가지고 있어야 했다.

POINT 02 블록 이해하기

❶ `장면이 시작되었을때` : 장면이 시작되면 아래에 연결된 블록들을 실행합니다.

❷ `장면1 시작하기` : 선택한 장면을 실행합니다.

❸ `다음 장면 시작하기` : 이전/다음 장면을 실행합니다.

TIP!

장면은 어떻게 추가하나요?
실행 창 위쪽의 '장면1' 옆에 있는 '+'를 클릭하면 장면을 추가할 수 있습니다. 또한 장면의 이름을 클릭하면 원하는 이름으로 바꿀 수 있습니다.

POINT 03 생각하기

1. 알고리즘 설계하기

장면1
❶ 오브젝트 추가 및 자리배치하기
- **추가할 오브젝트** : 유적지(배경), 포세이돈(환웅 역), 구름(2), 원주민(1) 3개, 원주민(2) 2개, 글상자(해설) 2개

❷ 이야기의 첫 번째 해설이 먼저 시작하고, 두 번째 해설이 이어지기
❸ 두 번째 해설과 함께 환웅이 하늘 위에서 구름과 함께 등장하여 말하기

장면2
❶ 오브젝트 추가 및 자리배치하기
- **추가할 오브젝트** : 협곡(배경), 바오밥 나무(신단수), 선비(1,2,3), 구름, 원주민(1) 5개, 포세이돈(환웅 역), 글상자(해설)

❷ 장면이 시작되며 해설로 이야기 시작하기
❸ 신하들과 함께 구름을 타고 내려온 환웅이 말하기
❹ 원주민들이 만세를 부르며 움직이기

장면3	① 오브젝트 추가 및 자리배치하기

  • 추가할 오브젝트 : 폭포(배경), 포세이돈(환웅 역), 호랑이, 곰(2), 왕관(1), 글상자(해설)
  ② 장면이 시작되며 해설로 이야기 시작하기
  ③ 호랑이와 곰이 인간이 되고 싶다고 환웅에게 말하기
  ④ 환웅이 진짜 인간이 되고 싶은지 묻기

2. 한눈에 보기

POINT 04   프로젝트 시작하기

<장면1 만들기>

1. 오브젝트 추가 및 자리배치하기

❶ 장면1 오브젝트 추가하기 : 유적지(배경), 포세이돈(환웅 역), 구름(2), 원주민(1) 3개, 원주민(2) 2개, 글상자(해설) 오브젝트 2개

   ① 글상자 오브젝트(필기체, 글자색 : 검정, 배경색 : 노랑) 추가하기

     – '하늘나라를 다스리는 환인에게는 환웅이라는 아들이 있었어요.' 입력하기

     – '환웅은 인간세상으로 내려가고 싶어 하였어요.' 입력하기

   ② 이야기에 맞게 오브젝트의 이름 바꾸기

❷ 오브젝트 자리배치하기 : 이야기에 어울리는 위치에 오브젝트 자리 잡기

   ① 배치된 원주민이 원근감이 있어 보이도록 크기 조절하기

   ② 같은 오브젝트이더라도 다르게 보이도록 모양 바꾸기

2. '해설1, 2' 글상자 오브젝트에 첫 번째, 두 번째 명령어 블록 쌓기

❶ 해설1 오브젝트를 선택한 후 시작 블록 영역의 〈시작하기 버튼을 클릭했을 때〉 ➡ 생김새 블록 영역의 〈모양 숨기기〉 블록 연결하기 ➡ 흐름 블록 영역의 〈~초 기다리기〉 : 1초 입력하기 ➡ 생김새 블록 영역의 〈모양 보이기〉 블록 연결하기 ➡ 흐름 블록 영역의 〈~초 기다리기〉 : 3초 입력하기 ➡ 생김새 블록 영역의 〈모양 숨기기〉 블록 연결하기

❷ 해설2 오브젝트를 선택한 후 시작 블록 영역의 〈시작하기 버튼을 클릭했을 때〉 ➡ 생김새 블록 영역의 〈모양 숨기기〉 블록 연결하기 ➡ 흐름 블록 영역의 〈~초 기다리기〉 : 4초 입력하기 ➡ 생김새 블록 영역의 〈모양 보이기〉 블록 연결하기 ➡ 흐름 블록 영역의 〈~초 기다리기〉 : 2초 입력하기 ➡ 생김새 블록 영역의 〈모양 숨기기〉 블록 연결하기

3. 포세이돈(환웅 역) 오브젝트에 명령어 블록 쌓기

❶ 시작 블록 영역의 〈시작하기 버튼을 클릭했을 때〉 ➡ 흐름 블록 영역의 〈~초 기다리기〉 : 3초 입력하기 ➡ 움직임 블록 영역의 〈~초 동안 X:~, Y:~ 위치로 이동하기〉 : 2초, X : –200, Y : 70 입력하기 ➡ 흐름 블록 영역의 〈~초 기다리기〉 : 1초 입력하기

❷ 생김새 블록 영역의 〈다음 모양으로 바꾸기〉 ➡ 생김새 블록 영역의 〈~을(를) 말하기〉 : '나도 저 인간들이 사는 세상에서 함께 살고 싶구나.' 입력하기 ➡ 흐름 블록 영역의 〈~초 기다리기〉 : 2초 입력하기 ➡ 시작 블록 영역의 〈다음 장면 시작하기〉 블록 연결하기

4. 구름 오브젝트에 명령어 블록 쌓기

시작 블록 영역의 〈시작하기 버튼을 클릭했을 때〉 ➡ 생김새 블록 영역의 〈모양 숨기기〉 블록 연결하기 ➡ 흐름 블록 영역의 〈~초 기다리기〉 : 3초 입력하기 ➡ 생김새 블록 영역의 〈모양 보이기〉 블록 연결하기 ➡ 움직임 블록 영역의 〈~초 동안 X:~, Y:~ 위치로 이동하기〉 : 2초, X : –100, Y : 30 입력하기

<장면2 만들기>

1. 오브젝트 추가 및 자리배치하기

❶ 장면2 오브젝트 추가하기 : 협곡(배경), 바오밥 나무(신단수), 선비(1,2,3), 구름, 원주민(1) 5개, 포세이돈(환웅 역), 글상자(해설) 오브젝트

① 글상자 오브젝트(필기체, 글자색 : 검정, 배경색 : 노랑) 추가하기
  - '환웅은 신하들을 데리고 인간들이 사는 세상으로 내려 왔어요.' 입력하기
② 이야기에 맞게 오브젝트의 이름 바꾸기

❷ 오브젝트 자리배치하기 : 이야기에 어울리는 위치에 오브젝트 자리 잡기
  - 환웅과 신하들이 구름 위에 있는 것처럼 보이도록 오브젝트 목록의 순서 조절하기(구름 오브젝트가 다른 오브젝트들보다 위로 가도록 위치)

2. '해설3' 글상자 오브젝트에 명령어 블록 쌓기

시작 블록 영역의 〈장면이 시작되었을 때〉 ➡ 생김새 블록 영역의 〈모양 숨기기〉 블록 연결하기 ➡ 흐름 블록 영역의 〈~초 기다리기〉 : 1초 입력하기 ➡ 생김새 블록 영역의 〈모양 보이기〉 블록 연결하기 ➡ 흐름 블록 영역의 〈~초 기다리기〉 : 4초 입력하기 ➡ 생김새 블록 영역의 〈모양 숨기기〉 블록 연결하기

3. 원주민(1,2,3,4,5) 오브젝트에 두 번째 명령어 블록 쌓기

시작 블록 영역의 〈장면이 시작되었을 때〉 ➡ 흐름 블록 영역의 〈~초 기다리기〉 : 4초 입력하기 ➡ 흐름 블록 영역의 〈계속 반복하기〉 블록 연결하기 ➡ 생김새 블록 영역의 〈다음 모양으로 바꾸기〉 블록 연결하기 ➡ 흐름 블록 영역의 〈~초 기다리기〉 : 1초 입력하기

원주민2,3,4,5 오브젝트에도 원주민1 오브젝트의 명령어 블록을 복사하여 붙여넣기

4. 포세이돈(환웅 역) 오브젝트에 명령어 블록 쌓기

❶ 시작 블록 영역의 〈장면이 시작되었을 때〉 ➡ 흐름 블록 영역의 〈~초 기다리기〉 : 5초 입력하기 ➡ 생김새 블록 영역의 〈~을(를) ~초 동안 말하기〉 : '나는 너희를 널리 이롭게 하기 위해 내려 온 환웅이다.'와 3초 입력하기 ➡ 흐름 블록 영역의 〈~초 기다리기〉 : 1초 입력하기

❷ 생김새 블록 영역의 〈~을(를) ~초 동안 말하기〉 : '농사를 짓게 하기 위해 비, 바람, 구름을 다스리는 신하들을 데리고 왔다.'와 3초 입력하기 ➡ 흐름 블록 영역의 〈~초 기다리기〉 : 1초 입력하기 ➡ 시작 블록 영역의 〈다음 장면 시작하기〉 블록 연결하기

<장면3 만들기>

1. 오브젝트 추가 및 자리배치하기

❶ 장면3 오브젝트 추가하기 : 폭포(배경), 곰(2), 호랑이, 포세이돈(환웅 역), 왕관(1), 글상자(해설) 오브젝트
　① 글상자 오브젝트(필기체, 글자색 : 검정, 배경색 : 노랑) 추가하기
　　- '곰과 호랑이는 환웅을 찾아가 인간이 되게 해달라고 빌었어요.' 입력하기
　② 이야기에 맞게 오브젝트의 이름 바꾸기

❷ 오브젝트 자리배치하기 : 이야기에 어울리는 위치에 오브젝트 자리 잡기

2. '해설4' 글상자 오브젝트에 명령어 블록 쌓기

시작 블록 영역의 〈장면이 시작되었을 때〉 ➡ 생김새 블록 영역의 〈모양 숨기기〉 블록 연결하기 ➡ 흐름 블록 영역의 〈~초 기다리기〉 : 1초 입력하기 ➡ 생김새 블록 영역의 〈모양 보이기〉 블록 연결하기 ➡ 흐름 블록 영역의 〈~초 기다리기〉 : 3초 입력하기 ➡ 생김새 블록 영역의 〈모양 숨기기〉 블록 연결하기

3. 호랑이 오브젝트에 명령어 블록 쌓기

시작 블록 영역의 〈장면이 시작되었을 때〉 ➡ 흐름 블록 영역의 〈~초 기다리기〉 : 3초 입력하기 ➡ 생김새 블록 영역의 〈~을(를) ~초 동안 말하기〉 : '인간이 꼭 되고 싶습니다.'와 2초 입력하기 ➡ 흐름 블록 영역의 〈~초 기다리기〉 : 2초 입력하기

4. 곰 오브젝트에 명령어 블록 쌓기

시작 블록 영역의 〈장면이 시작되었을 때〉 ➡ 흐름 블록 영역의 〈~초 기다리기〉: 5초 입력하기 ➡ 생김새 블록 영역의 〈~을(를) ~초 동안 말하기〉: '제발 부탁을 들어주세요.'와 2초 입력하기 ➡ 흐름 블록 영역의 〈~초 기다리기〉: 2초 입력하기

5. 포세이돈(환웅 역) 오브젝트에 명령어 블록 쌓기

시작 블록 영역의 〈장면이 시작되었을 때〉 ➡ 흐름 블록 영역의 〈~초 기다리기〉: 7초 입력하기 ➡ 생김새 블록 영역의 〈~을(를) ~초 동안 말하기〉: '정말 인간이 되기를 원하느냐?'와 3초 입력하기 ➡ 흐름 블록 영역의 〈~초 기다리기〉: 1초 입력하기 ➡ 시작 블록 영역의 〈다음 장면 시작하기〉 블록 연결하기

11장

[사회] 고조선 건국이야기(2)

앞 장에서 만든 고조선 건국이야기(1)를 이어서 만들어봅시다. 필요한 장면을 추가하여 고조선 건국이야기의 뒷부분을 완성합니다.

★ 완성 프로젝트 : https://goo.gl/cXhRi2
★ 프로젝트 확인 : 실행하기 버튼을 클릭해서 완성할 프로젝트를 확인해봅시다.

POINT 01 생각하기

1. 알고리즘 설계하기

장면4
1. 오브젝트 추가 및 자리배치하기
   - 추가할 오브젝트 : 동굴 속(배경), 곰(2), 호랑이, 그루터기, 브로콜리(2), 새싹(3), 글상자(해설) 2개
2. 장면이 시작하면 첫 번째 해설로 이야기 시작하기
3. 호랑이가 못 참겠다고 말하며 동굴 밖으로 뛰쳐나가기
4. 두 번째 해설 이어지기

장면5
1. 오브젝트 추가 및 자리배치하기
   - 추가할 오브젝트 : 경회루(배경), 한복 입은 사람(웅녀 역), 포세이돈(환웅 역), 왕관(1), 글상자(해설)
2. 장면이 시작되며 이야기가 해설 나오기

장면6
1. 오브젝트 추가 및 자리배치하기
   - 추가할 오브젝트 : 중국(배경), 선비(2)(단군왕검 역), 글상자(해설)
2. 장면이 시작되며 해설로 이야기 시작하기
3. 단군왕검 오브젝트의 크기가 점점 커지기

2. 한눈에 보기

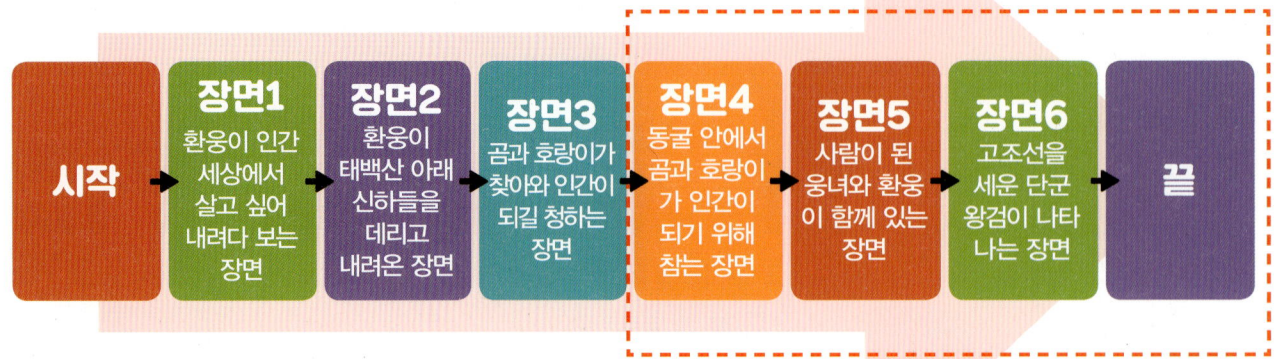

POINT 02 프로젝트 시작하기

<장면4 만들기>

1. 오브젝트 추가 및 자리배치하기

- ❶ 장면4 오브젝트 추가하기 : 동굴 속(배경), 곰(2), 호랑이, 새싹(3), 브로콜리(2), 그루터기, 글상자(해설) 2개 오브젝트

    ① 글상자 오브젝트(필기체, 글자색 : 검정, 배경색 : 노랑) 추가하기
      - '호랑이는 쑥과 마늘을 먹다가 힘들어 인간이 되기를 포기했어요.' 입력하기
      - '곰은 잘 참고 견뎌 21일 만에 인간이 되었어요.' 입력하기
    ② 이야기에 맞게 오브젝트의 이름 바꾸기

- ❷ 오브젝트 자리배치하기 : 이야기에 어울리는 위치에 오브젝트 자리 잡기
    - 오브젝트의 목록의 순서를 조정하여 자연스러운 이야기가 전개되도록 배치

 **TIP!**

이야기 속에 나오는 오브젝트가 없는 경우 비슷한 오브젝트로 대신합니다.

2. '해설5, 6' 글상자 오브젝트에 명령어 블록 쌓기

❶ 해설5 오브젝트를 선택한 후 시작 블록 영역의 〈장면이 시작되었을 때〉 ➡ 생김새 블록 영역의 〈모양 숨기기〉 블록 연결하기 ➡ 흐름 블록 영역의 〈~초 기다리기〉 : 1초 입력하기 ➡ 생김새 블록 영역의 〈모양 보이기〉 블록 연결하기 ➡ 흐름 블록 영역의 〈~초 기다리기〉 : 3초 입력하기 ➡ 생김새 블록 영역의 〈모양 숨기기〉 블록 연결하기

❷ 해설6 오브젝트를 선택한 후 시작 블록 영역의 〈장면이 시작되었을 때〉 ➡ 생김새 블록 영역의 〈모양 숨기기〉 블록 연결하기 ➡ 흐름 블록 영역의 〈~초 기다리기〉 : 4초 입력하기 ➡ 생김새 블록 영역의 〈모양 보이기〉 블록 연결하기 ➡ 흐름 블록 영역의 〈~초 기다리기〉 : 2초 입력하기 ➡ 생김새 블록 영역의 〈모양 숨기기〉 블록 연결하기

3. 호랑이 오브젝트에 명령어 블록 쌓기

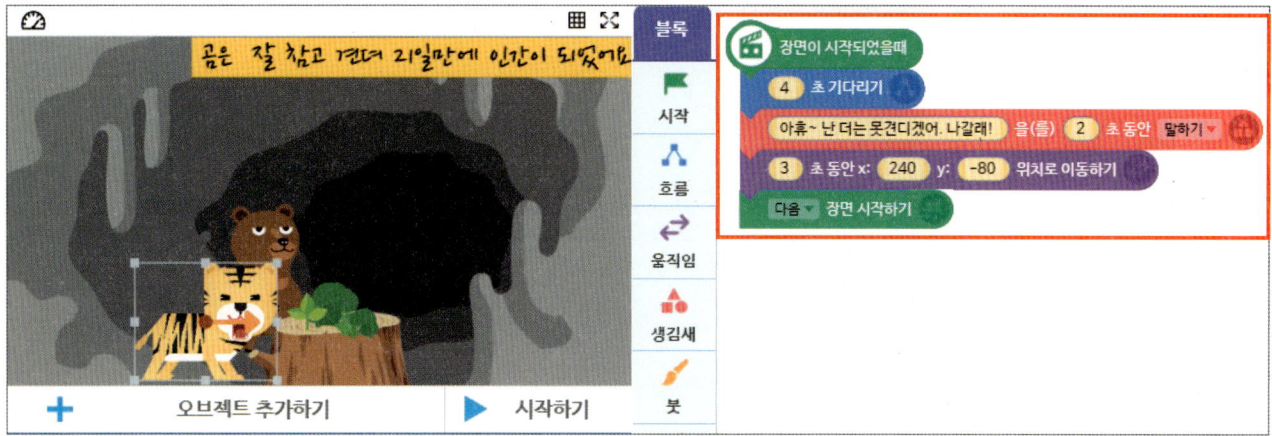

시작 블록 영역의 〈장면이 시작되었을 때〉 ➡ 흐름 블록 영역의 〈~초 기다리기〉 : 4초 입력하기 ➡ 생김새 블록 영역의 〈~을(를) ~초 동안 말하기〉 : '아휴~ 난 더는 못 견디겠어, 나갈래!'와 2초 입력하기 ➡ 움직임 블록 영역의 〈~초 동안 X : ~, Y : ~ 위치로 이동하기〉 : X : 240, Y : −80와 3초 입력하기 ➡ 시작 블록 영역의 〈다음 장면 시작하기〉 블록 연결하기

<장면5 만들기>

1. 오브젝트 추가 및 자리배치하기

❶ 장면5 오브젝트 추가하기 : 경회루(배경), 포세이돈(환웅 역), 한복 입은 사람(웅녀 역), 왕관(1), 글상자(해설) 오브젝트

① 글상자 오브젝트(필기체, 글자색 : 검정, 배경색 : 노랑) 추가하기
– '인간이 된 곰은 웅녀란 이름으로 환웅과 결혼을 하였어요.' 입력하기
② 이야기에 맞게 오브젝트의 이름 바꾸기

❷ 오브젝트 자리배치하기 : 이야기에 어울리는 위치에 오브젝트 자리 잡기
– 오브젝트의 목록의 순서를 조정하여 자연스러운 이야기가 전개되도록 배치

2. '해설7' 글상자 오브젝트에 명령어 블록 쌓기

시작 블록 영역의 〈장면이 시작되었을 때〉 ➡ 생김새 블록 영역의 〈모양 숨기기〉 블록 연결하기 ➡ 흐름 블록 영역의 〈~초 기다리기〉 : 1초 입력하기 ➡ 생김새 블록 영역의 〈모양 보이기〉 블록 연결하기 ➡ 흐름 블록 영역의 〈~초 기다리기〉 : 3초 입력하기 ➡ 생김새 블록 영역의 〈모양 숨기기〉 블록 연결하기 ➡ 시작 블록 영역의 〈다음 장면 시작하기〉 블록 연결하기

<장면6 만들기>

1. 오브젝트 추가 및 자리배치하기

❶ 장면6 오브젝트 추가하기 : 중국(배경), 선비(2)(단군왕검 역), 글상자(해설) 오브젝트

① 글상자 오브젝트(필기체, 글자색 : 검정, 배경색 : 노랑) 추가하기
   - '환웅과 웅녀 사이에서 태어나신 분이 바로 고조선을 세운 단군왕검입니다.' 입력하기
② 이야기에 맞게 오브젝트의 이름 바꾸기

❷ 오브젝트 자리배치하기 : 이야기에 어울리는 위치에 오브젝트 자리 잡기

이야기 속에 나오는 오브젝트가 없는 경우 비슷한 오브젝트로 대신합니다.

2. '해설8' 글상자 오브젝트에 명령어 블록 쌓기

시작 블록 영역의 〈장면이 시작되었을 때〉 ➡ 생김새 블록 영역의 〈모양 숨기기〉 블록 연결하기 ➡ 흐름 블록 영역의 〈~초 기다리기〉 : 1초 입력하기 ➡ 생김새 블록 영역의 〈모양 보이기〉 블록 연결하기 ➡ 흐름 블록 영역의 〈~초 기다리기〉 : 3초 입력하기 ➡ 생김새 블록 영역의 〈모양 숨기기〉 블록 연결하기

3. 단군왕검 오브젝트에 명령어 블록 쌓기

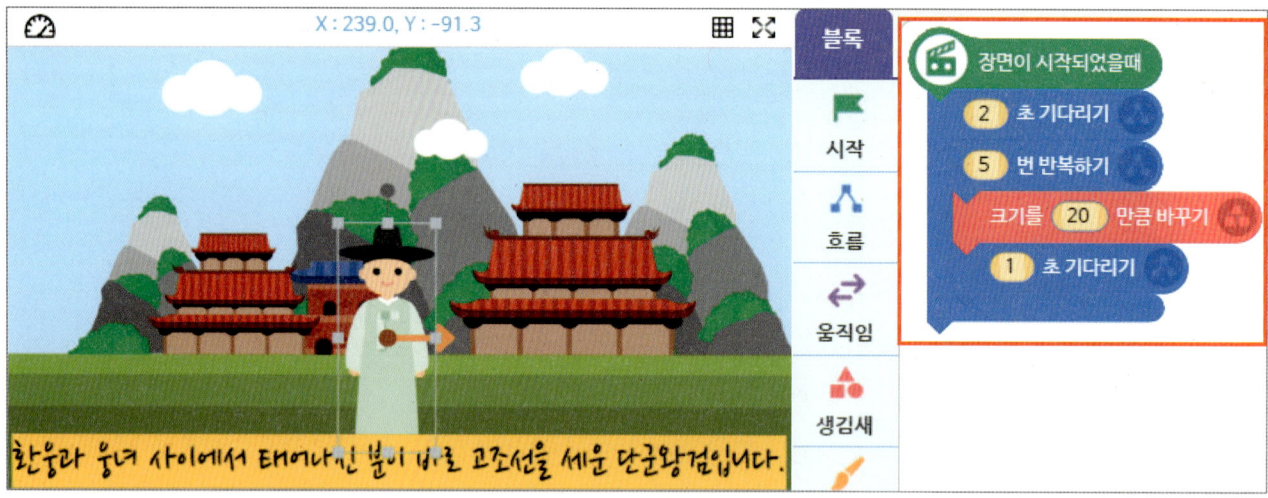

시작 블록 영역의 〈장면이 시작되었을 때〉 ➡ 흐름 블록 영역의 〈~초 기다리기〉 : 2초 입력하기 ➡ 흐름 블록 영역의 〈~번 반복하기〉 : 5번 입력하기 ➡ 생김새 블록 영역의 〈크기를 ~만큼 바꾸기〉 : 20 입력하기 ➡ 흐름 블록 영역의 〈~초 기다리기〉 : 1초 입력하기

★ 문제 프로젝트 : https://goo.gl/XcsyRU
★ 답안 예시 프로젝트 : https://goo.gl/H8iIoW

(1) 수찬이와 효주가 고조선 건국이야기를 공부하고 대화를 나누는 장면입니다. 답안 예시 프로젝트처럼 대화의 장면이 자연스럽게 이어지도록 블록을 추가해봅시다.

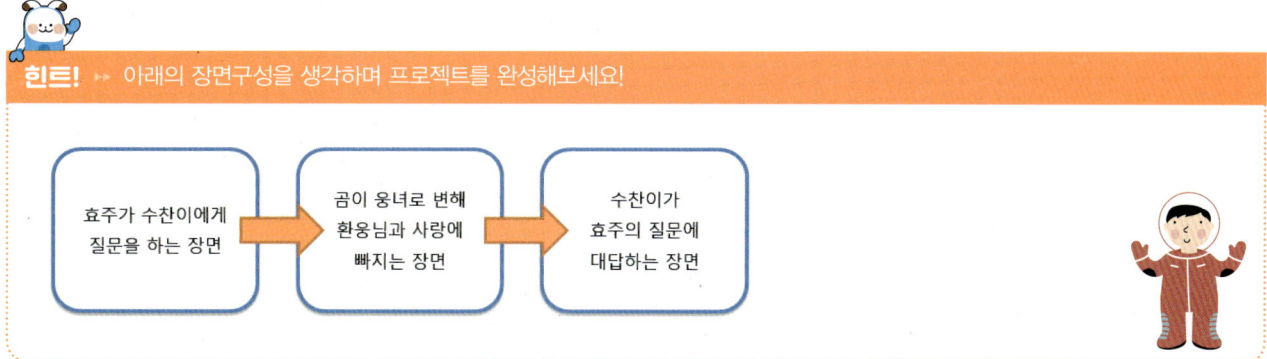

힌트! ▶▶ 아래의 장면구성을 생각하며 프로젝트를 완성해보세요!

효주가 수찬이에게 질문을 하는 장면 → 곰이 웅녀로 변해 환웅님과 사랑에 빠지는 장면 → 수찬이가 효주의 질문에 대답하는 장면

12장

[사회] 6대륙으로의 세계여행(1)

함수 블록은 프로그램에서 반복해서 사용되는 명령어 블록 꾸러미들을 특정한 이름을 붙여 약속하여 편리하게 명령하는 블록입니다. 함수 블록을 사용해 비행기를 타고 6대륙으로 세계여행을 하는 프로그램을 만들어봅시다.

★ **완성 프로젝트 :** https://goo.gl/COqdWI
★ **프로젝트 확인 :** 실행하기 버튼을 클릭해서 완성할 프로젝트를 확인해봅시다.

POINT 01 교과 내용 파악하기

1. **교과 연계** : 6학년 2학기 사회 3-1단원. 세계 여러 나라의 모습

2. **교과 핵심 내용** : 세계 여러 나라의 모습과 특징을 알 수 있습니다.
   (1) 5대양 6대륙의 위치를 파악하기
   (2) 대륙별 나라를 선정하여 그 나라의 위치와 영역 알기
   (3) 세계 여러 나라의 크기를 알아보고 그 나라의 영토와 특징 살펴보기

3. **교과 핵심 확인 문제**

   5대양과 6대륙을 구분하여 번호를 쓰시오.

   ① 태평양　② 남아메리카　③ 인도양　④ 오세아니아
   ⑤ 아프리카　⑥ 아시아　⑦ 남극해　⑧ 북아메리카
   ⑨ 북극해　⑩ 대서양　⑪ 유럽

5대양	6대륙

POINT 02 블록 이해하기

❶ `원하는 대륙으로 이동하기` : 함수 만들기를 통하여 생성된 함수 명령어 블록입니다.

❷ `이름` : '함수 정의하기'의 빈칸 안에 조립하여 함수의 이름을 정해줍니다

❸ `문자/숫자값` : 함수 명령에 문자/숫자값이 필요한 경우 빈칸 안에 조립하여 매개변수로 사용합니다.

❹ `판단값` : 함수 명령에 참 또는 거짓의 판단이 필요한 경우 빈칸 안에 조립하여 매개변수로 사용합니다.

매개변수란 무엇인가요?

변수란 컴퓨터가 어떤 수나 문자를 기억하기 위해서 '변하는 값 또는 변하는 값을 저장하는 공간'입니다.

이중 매개 변수는 사용자가 입력하는 값으로 함수 안에 있는 값들을 정해주는 변수를 말합니다. 예를 들어 삼각형 그리기 함수 옆에 굵기라는 변수가 있다고 했을 때 입력되는 숫자값에 따라서 붓의 두께가 달라집니다. 이때 사용된 〈문자/숫자값〉, 즉 굵기 값을 매개변수라고 할 수 있습니다.

▲ 매개변수를 활용한 삼각형 그리기

POINT 03 생각하기

1. 알고리즘 설계하기

6대륙으로의 세계여행

❶ 오브젝트 추가 및 자리배치하기
  - 추가할 오브젝트 : 지역별 세계지도(아시아, 아프리카, 남·북아메리카, 유럽, 오세아니아), 5대양 글상자(태평양, 대서양, 인도양, 북극해, 남극해), 6대륙 글상자(아시아, 아프리카, 남·북아메리카, 유럽, 오세아니아), 파일럿 엔트리봇2 오브젝트

❷ 여행하고 싶은 대륙을 묻고 입력한 대륙으로 비행기가 이동하기

❸ 여행하고 싶다고 응답한 대륙의 색깔 바꾸기

남·북아메리카 오브젝트 만들기

1. 아메리카 오브젝트를 복제하여 모양 탭에서 〈모양1-지우개〉 선택하기

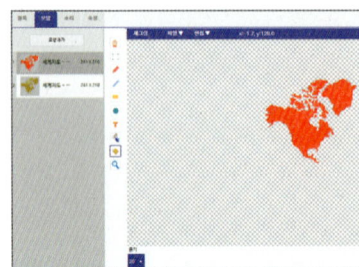

2. 남아메리카를 지우고 그림 저장하기 (모양2도 동일, 모양3은 삭제)

3. 동일하게 북아메리카를 지운 남아메리카 오브젝트 만들기

4. 실행 창에서 두 대륙을 연결하고 오브젝트 이름 바꾸기

2. 한눈에 보기

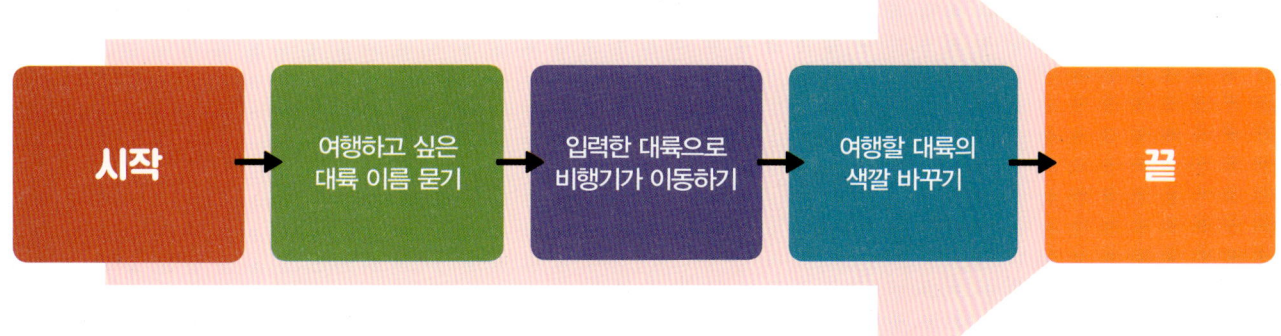

POINT 04 프로젝트 시작하기

1. 오브젝트 추가 및 자리배치하기

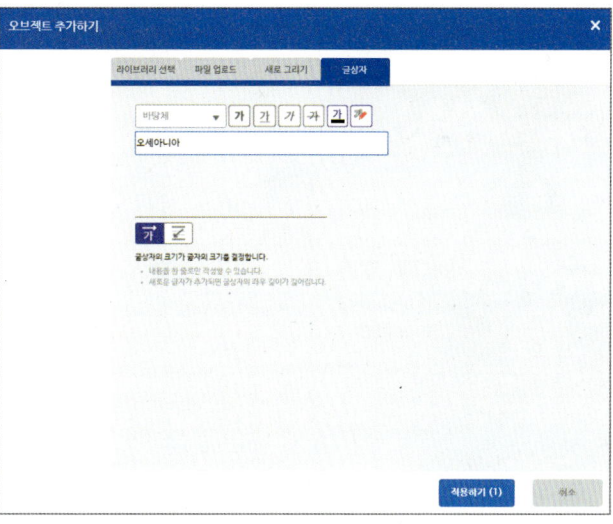

❶ **오브젝트 추가하기** : 지역별 세계지도(아시아, 아프리카, 남·북아메리카, 유럽, 오세아니아), 5대양 글상자 (태평양, 대서양, 인도양, 북극해, 남극해), 6대륙 글상자(아시아, 아프리카, 남·북아메리카, 유럽, 오세아니아), 파일럿 엔트리봇2 오브젝트

① 글상자 오브젝트 추가하기
- 5대양 글상자(바탕체, 크기 : 30, 글자색 : 검정, 배경색 : 흰색)
- 태평양, 대서양, 인도양, 북극해, 남극해 : 5대양 글상자(고딕체, 크기 : 30, 배경색 : 없음)
- 아시아, 아프리카, 남·북아메리카, 유럽, 오세아니아

② 오브젝트의 이름 바꾸기

❷ 오브젝트 자리배치하기 : 실제 배치도에 따라 적절하게 오브젝트 자리 잡기

아메리카 오브젝트를 복제한 후 모양 탭에 있는 1,2 모양을 그림판-지우개 이용해 각각 남아메리카, 북아메리카를 지우고 그림을 저장하여 북아메리카, 남아메리카 오브젝트를 만듭니다.

2. 여행하고 싶은 대륙 묻기

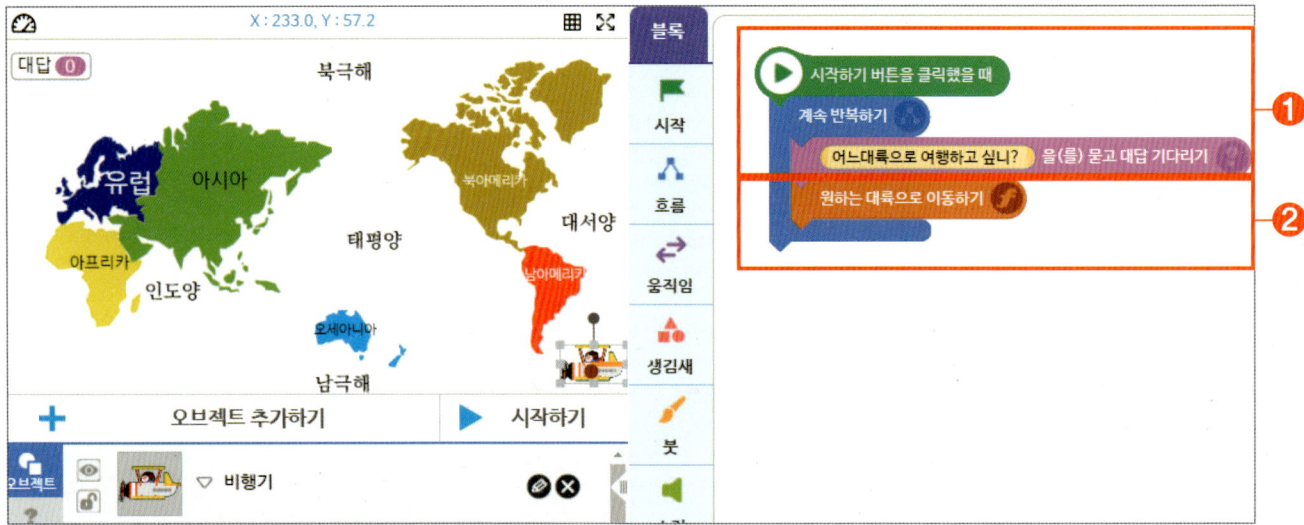

❶ 시작 블록 영역의 〈시작하기 버튼을 클릭했을 때〉 ➡ 흐름 블록 영역의 〈계속 반복하기〉 블록 연결하기 ➡ 자료 블록 영역의 〈~을(를) 묻고 답하기〉 : '어느 대륙을 여행하고 싶나요?' 입력하기

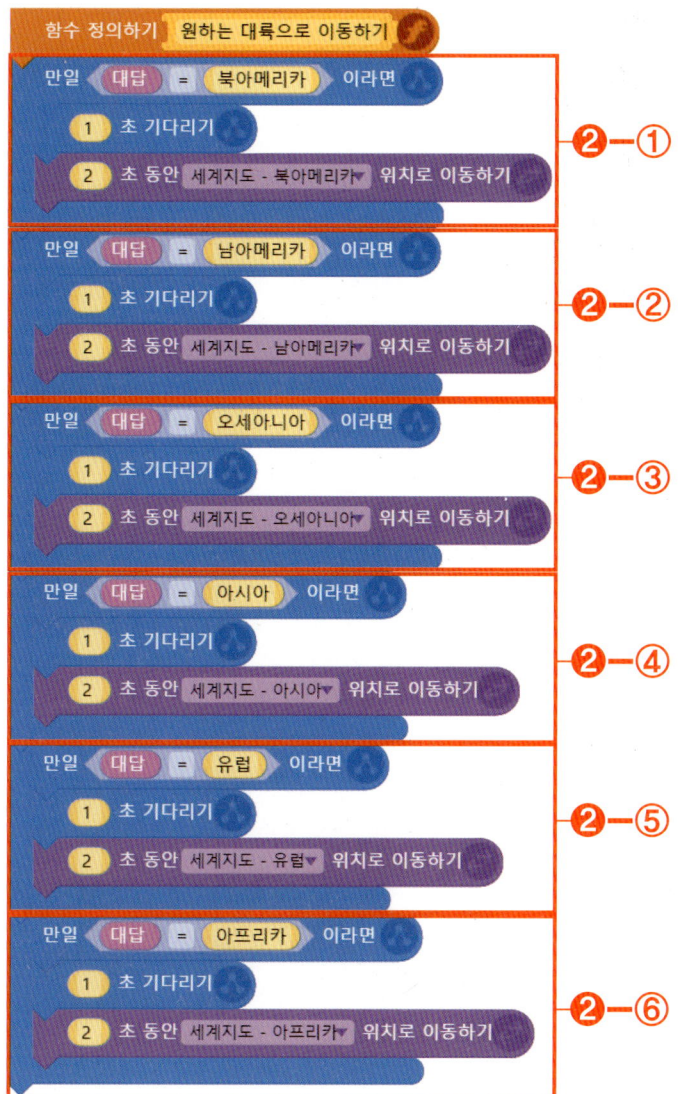

❷ 〈원하는 대륙으로 이동하기〉 함수 명령어 블록 만들기

① : 흐름 블록 영역의 〈만일~이라면〉 : 판단 블록 영역의 〈~=~〉 블록을 가져와 자료 블록 영역의 〈대답〉 블록, '북아메리카'를 순서대로 입력하고 연결하기 ➡ 흐름 블록 영역의 〈~초 기다리기〉 : 1초 입력하기 ➡ 움직임 블록 영역의 〈~초 동안 ~위치로 이동하기〉 : 2초 입력하고 세계지도-북아메리카 선택하기

② : 흐름 블록 영역의 〈만일~이라면〉 : 판단 블록 영역의 〈~=~〉 블록을 가져와 자료 블록 영역의 〈대답〉 블록, '남아메리카'를 순서대로 입력하고 연결하기 ➡ 흐름 블록의 〈~초 기다리기〉 : 1초 입력하기 ➡ 움직임 블록 영역의 〈~초 동안 ~위치로 이동하기〉 : 2초 입력하고 세계지도-남아메리카 선택하기

③ : 흐름 블록 영역의 〈만일~이라면〉 : 판단 블록 영역의 〈~=~〉 블록을 가져와 자료 블록 영역의 〈대답〉 블록, '오세아니아'를 순서대로 입력하고 연결하기 ➡ 흐름 블록 영역의 〈~초 기다리기〉 : 1초 입력하기 ➡ 움직임 블록 영역의 〈~초 동안 ~위치로 이동하기〉 : 2초 입력하고 세계지도-오세아니아 선택하기

④ : 흐름 블록 영역의 〈만일~이라면〉 : 판단 블록 영역의 〈~=~〉 블록을 가져와 자료 블록 영역의 〈대답〉 블록, '아시아'를 순서대로 입력하고 연결하기 ➡ 흐름 블록 영역의 〈~초 기다리기〉 : 1초 입력하기 ➡ 움직임 블록 영역의 〈~초 동안 ~위치로 이동하기〉 : 2초 입력하고 세계지도-아시아 선택하기

⑤ : 흐름 블록 영역의 〈만일~이라면〉 : 판단 블록 영역의 〈~=~〉 블록을 가져와 자료 블록 영역의 〈대답〉 블록, '유럽'을 순서대로 입력하고 연결하기 ➡ 흐름 블록 영역의 〈~초 기다리기〉 : 1초 입력하기 ➡ 움직임 블록 영역의 〈~초 동안 ~위치로 이동하기〉 : 2초 입력하고 세계지도-유럽 선택하기

⑥ : 흐름 블록 영역의 〈만일~이라면〉 : 판단 블록 영역의 〈~=~〉 블록을 가져와 자료 블록 영역의 〈대답〉 블록, '아프리카'를 순서대로 입력하고 연결하기 ➡ 흐름 블록 영역의 〈~초 기다리기〉 : 1초 입력하기 ➡ 움직임 블록 영역의 〈~초 동안 ~위치로 이동하기〉 : 2초 입력하고 세계지도-아프리카 선택하기 ➡ 확인 클릭하기

TIP!

함수 명령어 블록 만들기

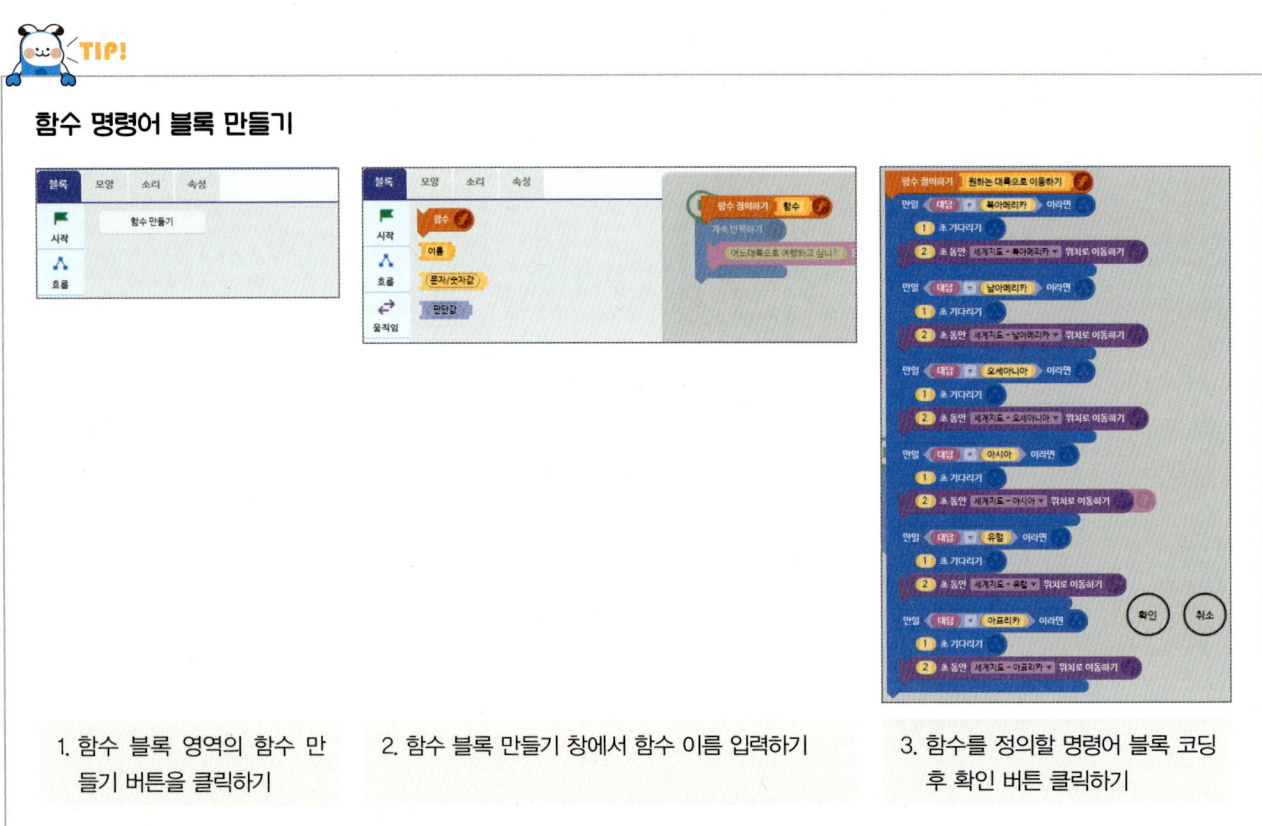

1. 함수 블록 영역의 함수 만들기 버튼을 클릭하기
2. 함수 블록 만들기 창에서 함수 이름 입력하기
3. 함수를 정의할 명령어 블록 코딩 후 확인 버튼 클릭하기

13장

[사회]
6대륙으로의 세계여행(2)

함수 블록은 프로그램에서 반복해서 일을 편리하게 명령하기 위해서 특정한 이름을 붙여 약속하는 함수와 관련된 명령어 블록입니다. 함수 블록을 사용해 비행기를 타고 6대륙으로 세계여행을 하는 프로그램을 만들어봅시다.

★ **완성 프로젝트** : https://goo.gl/COqdWI
★ **프로젝트 확인** : 실행하기 버튼을 클릭해서 완성할 프로젝트를 확인해봅시다.

POINT 01 생각하기

1. 알고리즘 설계하기

6대륙으로의 세계여행

❶ 오브젝트 추가 및 자리배치하기
  • 추가할 오브젝트 : 지역별 세계지도(아시아, 아프리카, 남·북아메리카, 유럽, 오세아니아), 5대양 글상자(태평양, 대서양, 인도양, 북극해, 남극해), 6대륙 글상자(아시아, 아프리카, 남·북아메리카, 유럽, 오세아니아), 파일럿 엔트리봇2 오브젝트
❷ 여행하고 싶은 대륙을 묻고 입력한 대륙으로 비행기가 이동하기
❸ 여행하고 싶다고 응답한 대륙의 색깔 바꾸기

2. 한눈에 보기

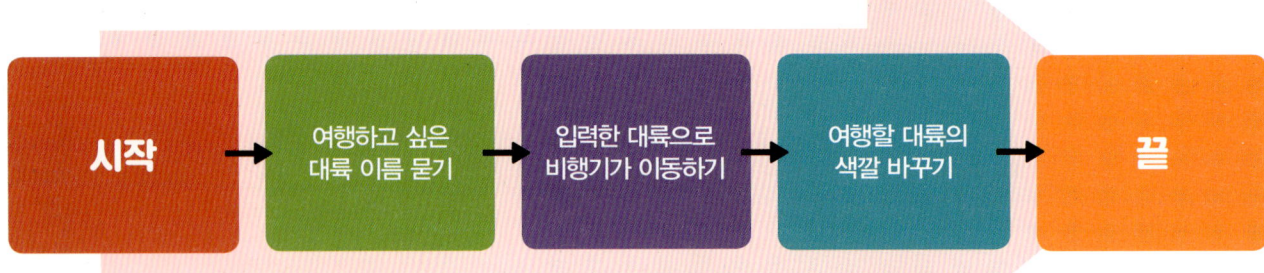

| POINT 02 | 프로젝트 시작하기

1. 북아메리카 오브젝트에 명령어 블록 쌓기

❶ 시작 블록 영역의 〈시작하기 버튼을 클릭했을 때〉 ➡ 생김새 블록 영역의 〈~모양으로 바꾸기〉 : 세계지도-북아메리카_1 선택하기 ➡ 흐름 블록 영역의 〈계속 반복하기〉 블록 연결하기

❷ 흐름 블록 영역의 〈만일 ~이라면〉 : 판단 블록 영역의 〈~=~〉 블록을 가져와 자료 블록 영역의 〈대답〉 블록, '북아메리카'를 순서대로 입력하기 ➡ 흐름 블록 영역의 〈~초 기다리기〉 : 1초 입력하기 ➡ 생김새 블록 영역의 〈~모양으로 바꾸기〉 : 세계지도-북아메리카_2 선택하기

2. 남아메리카 오브젝트에 명령어 블록 쌓기

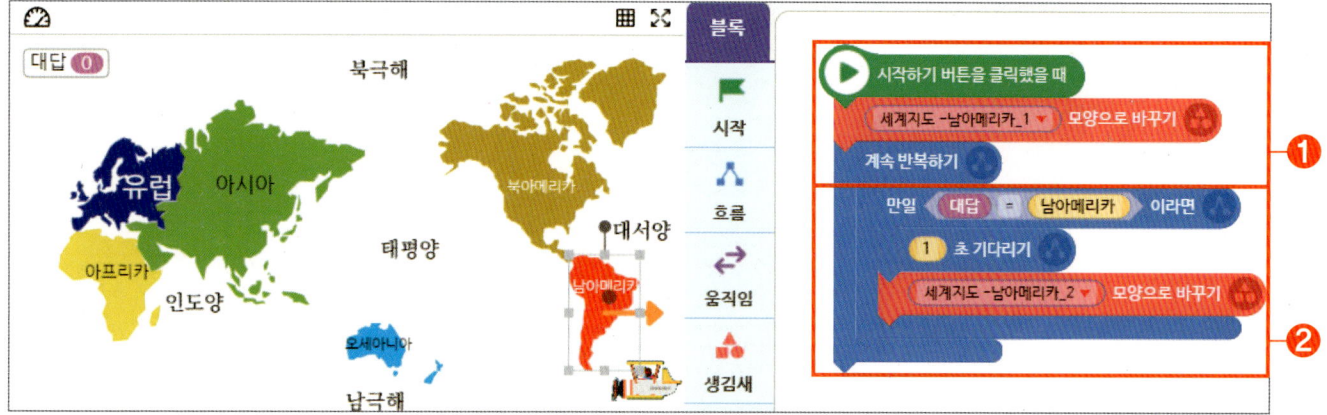

❶ 시작 블록 영역의 〈시작하기 버튼을 클릭했을 때〉 ➡ 생김새 블록 영역의 〈~모양으로 바꾸기〉 : 세계지도-남아메리카_1 선택하기 ➡ 흐름 블록 영역의 〈계속 반복하기〉 블록 연결하기

❷ 흐름 블록 영역의 〈만일 ~이라면〉 : 판단 블록 영역의 〈~=~〉 블록을 가져와 자료 블록 영역의 〈대답〉 블록, '남아메리카'를 순서대로 입력하기 ➡ 흐름 블록 영역의 〈~초 기다리기〉 : 1초 입력하기 ➡ 생김새 블록 영역의 〈~모양으로 바꾸기〉 : 세계지도-남아메리카_2 선택하기

3. 오세아니아 오브젝트에 명령어 블록 쌓기

❶ 시작 블록 영역의 〈시작하기 버튼을 클릭했을 때〉 ➡ 생김새 블록 영역의 〈~모양으로 바꾸기〉 : 세계지도-오세아니아_1 선택하기 ➡ 흐름 블록 영역의 〈계속 반복하기〉 블록 연결하기

❷ 흐름 블록 영역의 〈만일 ~이라면〉 : 판단 블록 영역의 〈~=~〉 블록을 가져와 자료 블록 영역의 〈대답〉, '오세아니아'를 순서대로 입력하기 ➡ 흐름 블록 영역의 〈~초 기다리기〉 : 1초 입력하기 ➡ 생김새 블록 영역의 〈~모양으로 바꾸기〉 : 세계지도-오세아니아_2 선택하기

4. 아시아 오브젝트에 명령어 블록 쌓기

❶ 시작 블록 영역의 〈시작하기 버튼을 클릭했을 때〉 ➡ 생김새 블록 영역의 〈~ 모양으로 바꾸기〉 : 세계지도-아시아_1 선택하기 ➡ 흐름 블록 영역의 〈계속 반복하기〉 블록 연결하기

❷ 흐름 블록 영역의 〈만일 ~이라면〉 : 판단 블록 영역의 〈~=~〉 블록을 가져와 자료 블록 영역의 〈대답〉, '아시아'를 순서대로 입력하기 ➡ 흐름 블록 영역의 〈~초 기다리기〉 : 1초 입력하기 ➡ 생김새 블록 영역의 〈~모양으로 바꾸기〉 : 세계지도-아시아_2 선택하기

5. 유럽 오브젝트에 명령어 블록 쌓기

❶ 시작 블록 영역의 〈시작하기 버튼을 클릭했을 때〉 ➡ 생김새 블록 영역의 〈~모양으로 바꾸기〉: 세계지도-유럽_1 선택하기 ➡ 흐름 블록 영역의 〈계속 반복하기〉 블록 연결하기

❷ 흐름 블록 영역의 〈만일 ~이라면〉: 판단 블록 영역의 〈~=~〉 블록을 가져와 자료 블록 영역의 〈대답〉 블록, '유럽'을 순서대로 입력하기 ➡ 흐름 블록 영역의 〈~초 기다리기〉: 1초 입력하기 ➡ 생김새 블록 영역의 〈~모양으로 바꾸기〉: 세계지도-유럽_2 선택하기

6. 아프리카 오브젝트에 명령어 블록 쌓기

❶ 시작 블록 영역의 〈시작하기 버튼을 클릭했을 때〉 ➡ 생김새 블록 영역의 〈~모양으로 바꾸기〉: 세계지도-아프리카_1 선택 ➡ 흐름 블록 영역의 〈계속 반복하기〉 블록 연결하기

❷ 흐름 블록 영역의 〈만일 ~이라면〉: 판단 블록 영역의 〈~=~〉 블록을 가져와 자료 블록 영역의 〈대답〉 블록, '아프리카'를 순서대로 입력하기 ➡ 흐름 블록 영역의 〈~초 기다리기〉: 1초 입력하기 ➡ 생김새 블록 영역의 〈~모양으로 바꾸기〉: 세계지도-아프리카_2 선택하기

TIP!
비행기 오브젝트가 각 대륙의 알맞은 지점으로 이동(도착) 할 수 있도록 하기 위해서는 대륙 오브젝트의 중심점(갈색점)을 드래그하여 위치를 조정합니다.

★ 문제 프로젝트 : https://goo.gl/BBxTCv
★ 답안 예시 프로젝트 : https://goo.gl/kMKWXV

(1) 답안 예시 프로젝트를 확인하고 모험왕이 피라미드의 미로를 빠져나오려면 아래의 함수 명령 블록은 각각 어떻게 코딩해야 하는지 프로젝트를 완성해봅시다.

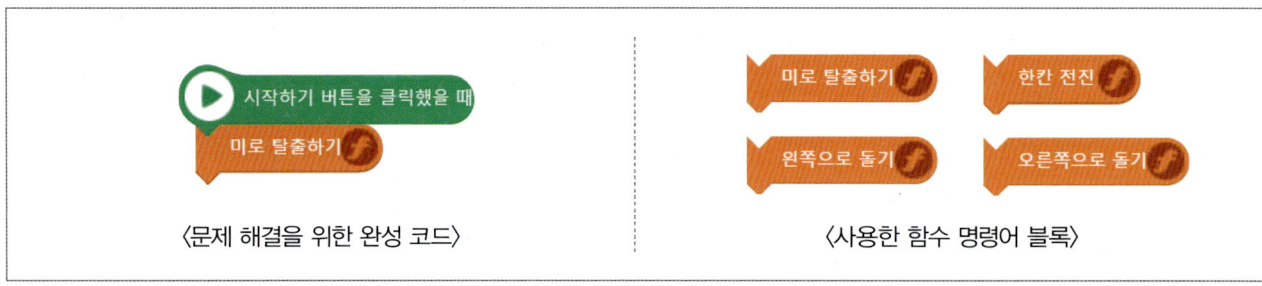

⟨문제 해결을 위한 완성 코드⟩   ⟨사용한 함수 명령어 블록⟩

힌트! ▶▶ 함수 명령어 블록 [미로 탈출하기]을 정의한 내용입니다. 참고하여 프로젝트를 완성하세요!

[과학] 식물의 한살이(1)

시작 블록은 어떤 사건이 발생했을 때 특정 동작을 실행시키는 명령어 블록입니다. 시작 블록 중 '신호' 및 '장면'과 관련된 블록을 사용해 식물의 한살이를 순차적으로 표현하는 애니메이션을 만들어봅시다.

★ 완성 프로젝트 : https://goo.gl/GpQn89
☆ 프로젝트 확인 : 실행하기 버튼을 클릭해서 완성할 프로젝트를 확인해봅시다.

POINT 01 교과 내용 파악하기

1. **교과 연계** : 4학년 1학기 2단원. 식물의 한살이

2. **교과 핵심 내용** : 식물을 직접 기르며 한살이 관찰을 통하여 식물도 일생이 있음을 알고 그 일생이 식물에 따라 차이가 있음을 알 수 있습니다.
   (1) 씨가 싹트는 조건과 식물이 자라는 데 필요한 조건을 실험을 통해 확인하기
   (2) 식물의 한살이 관찰 계획을 세우고, 그에 따라 식물을 기르며 관찰하기
   (3) 식물의 성장 과정을 다양한 방법으로 측정하여 정리하는 능력을 기르기
   (4) 씨를 심어 식물을 기르면서 식물의 소중함을 알고 가꾸는 태도 기르기
   (5) 식물에 따라 한살이가 다름을 말하기

3. **교과 핵심 확인 문제**

   > 식물의 한살이를 관찰하기 위한 관찰 계획을 순서대로 정리해볼까요? (   )
   > ㄱ. 식물을 기르면서 어떻게 관찰할 것인지 정하기
   > ㄴ. 한살이를 관찰할 식물을 선택하고 어디에 심을 것인지 생각해보기
   > ㄷ. 관찰 계획서를 써보고, 내가 심을 식물의 씨 관찰 결과를 써보기
   > ㄹ. 식물을 기르면서 무엇을 관찰할 것인지 정하기

POINT 02 블록 이해하기

❶ `장면이 시작되었을때` : 장면이 시작되면 아래에 연결된 블록들을 실행합니다.

❷ `장면 1▼ 시작하기` : 선택한 장면을 실행합니다.

❸ `다음▼ 장면 시작하기` : 이전/다음 장면을 실행합니다.

❹ `씨앗심기▼ 신호 보내기` : 정해진 명령을 실행시키기 위해 신호를 보냅니다.

❺ `씨앗심기▼ 신호를 받았을 때` : 신호를 받으면 연결된 블록들을 실행합니다.

❻ `오브젝트를 클릭했을 때` : 오브젝트를 클릭하면 연결된 블록들을 실행합니다.

원하는 장면을 실행하게 하려면 어떻게 해야 하나요?

선택에 따라 결과가 달라지는 프로젝트를 만들 때 필요한 것이 바로 '장면'입니다. 즉, 보통 게임이 끝나면 '다시하기'와 '끝내기' 버튼이 화면에 나오게 되는데 이때 선택한 버튼에 따라서 다음으로 이어지는 '장면'이 달라지는 것입니다. 엔트리 프로그램에서는 〈~ 시작하기〉 명령어 블록을 이용해서 선택에 따라 원하는 장면을 실행시킬 수 있습니다. 이때 실행 창 위쪽의 장면 이름을 이용해서 실행될 장면을 연결할 수 있습니다. 장면의 이름은 편의에 따라 바꿔서 구분하기 쉽게 만들 수도 있습니다.

▲ 장면 이름을 정하지 않은 경우

▲ 장면 이름을 정해 놓은 경우

POINT 03 생각하기

1. 알고리즘 설계하기

장면1
1. 오브젝트 추가 및 자리배치하기
   - **추가할 오브젝트**: 움집(배경), 화분, 식물의 한살이, 글상자 오브젝트
2. 시작 버튼을 클릭하면 식물의 한살이 오브젝트는 숨기기
3. '씨앗심기' 글상자 오브젝트를 클릭하면 글상자는 사라지고 씨앗이 나타나 화분 속으로 들어가기

장면2
1. 장면 복제 및 필요하지 않는 오브젝트 삭제와 자리배치하기
   - 식물의 한살이 오브젝트의 모양 탭에서 '모양2'를 선택하기
   - 글상자 오브젝트 삭제하고 식물의 한살이 오브젝트를 화분 속으로 집어넣기
2. 장면이 시작되며 새싹이 화분 위로 올라오기

장면3
1. 장면 복제 및 오브젝트 모양 바꾸기
   - 식물의 한살이 오브젝트의 모양 탭에서 '모양3'를 선택하기
2. 장면이 시작되며 새싹에서 잎들이 자란 식물로 모습 변하기
3. 조금 더 잎이 무성해진 식물로 모습 변하기

2. 한눈에 보기

| POINT 04 | 프로젝트 시작하기 |

<장면1 만들기>

1. 오브젝트 추가 및 자리배치하기

❶ 오브젝트 추가하기 : 움집(배경), 화분, 식물의 한살이, 글상자(씨앗심기) 오브젝트
 – 글상자 오브젝트(한라산체, 글자색 : 검정, 배경색 : 흰색, 내용 : 씨앗심기) 입력하기
❷ 오브젝트 이름 변경 및 알맞은 자리에 배치하기
 – '식물의 한살이' 오브젝트의 이름을 '씨앗'으로 바꾸기

글상자(씨앗심기) 오브젝트의 경우에는 프로젝트가 시작할 수 있도록 하는 역할입니다.

2. '씨앗심기' 글상자 오브젝트에 명령어 블록 쌓기

시작 블록 영역의 〈오브젝트를 클릭했을 때〉 ➡ 속성 탭에서 "씨앗심기" 신호 만들기 ➡ 시작 블록 영역의 〈씨앗심기 신호 보내기〉 블록 연결하기 ➡ 생김새 블록 영역의 〈모양 숨기기〉 블록 연결하기

3. 씨앗 오브젝트에 첫 번째, 두 번째 명령어 블록 쌓기

❶ 시작 블록 영역의 〈시작하기 버튼을 클릭했을 때〉 ➡ 프로젝트가 시작하면 씨앗이 보이지 않도록 생김새 블록 영역의 〈모양 숨기기〉 블록 연결하기

❷ 시작 블록 영역의 〈씨앗심기 신호를 받았을 때〉 ➡ 씨앗이 보이도록 생김새 블록 영역의 〈모양 보이기〉 블록 연결하기 ➡ 움직임 블록 영역의 〈~초 동안 ~위치로 이동하기〉 : 2초 입력하고 화분 선택하기 ➡ 시작 블록 영역의 〈다음 장면 시작하기〉 블록 연결하기

<장면2 만들기>

1. 오브젝트 추가 및 자리배치하기

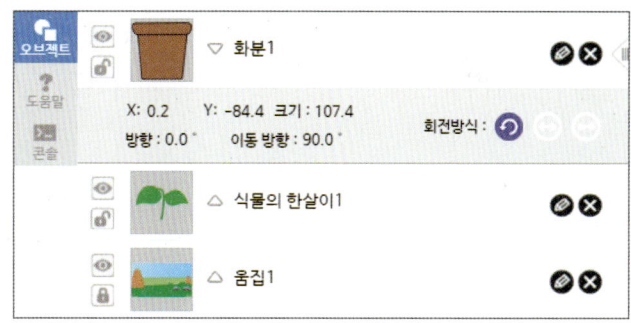

❶ 장면2 오브젝트 추가하기 : 움집(배경) 화분, 식물의 한살이 오브젝트

❷ 오브젝트 이름 변경하고 자리배치하기 : 화분 오브젝트가 가장 위쪽으로 이동

> 실행 창 위쪽의 장면 이름에 오른쪽 마우스를 클릭하면 장면을 복제할 수 있습니다.

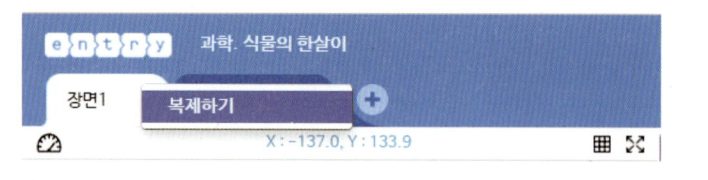

2. 화분 오브젝트에 명령어 블록 쌓기

시작 블록 영역의 〈시작하기 버튼을 클릭했을 때〉 ➡ 시작 블록 영역의 〈장면1 시작하기〉 연결하기

3. 식물의 한살이(새싹) 오브젝트에 명령어 블록 쌓기

새싹 오브젝트의 모양 탭에서 모양2를 선택한 후 시작 블록 영역의 〈장면이 시작되었을 때〉 ➡ 흐름 블록 영역의 〈~초 기다리기〉 : 1초 입력하기 ➡ 움직임 블록 영역의 〈~초 동안 X : ~, Y : ~위치로 이동하기〉 : 2초, X : 0, Y : -10을 순서대로 입력하기 ➡ 시작 블록 영역의 〈다음 장면 시작하기〉 블록 연결하기

<장면3 만들기>

1. 오브젝트 추가 및 자리배치하기

❶ 장면3 오브젝트 추가하기 : 움집(배경), 화분, 식물의 한살이 오브젝트

❷ 오브젝트 이름 변경하고 자리배치하기 : 식물의 한살이 오브젝트가 가장 위쪽으로 이동

 TIP!

화분보다 식물의 잎사귀가 앞에 보여야하므로 식물의 한살이 오브젝트의 순서를 오브젝트 목록의 제일 위쪽으로 옮깁니다.

2. 화분 오브젝트에 명령어 블록 쌓기

시작 블록 영역의 〈시작하기 버튼을 클릭했을 때〉 ➡ 시작 블록 영역의 〈장면1 시작하기〉 연결하기

화분 오브젝트에 〈시작하기 버튼을 클릭했을 때〉 ➡ 〈장면1 시작하기〉의 명령어 블록을 코딩한 이유는 시작하기 버튼을 클릭했을 때 어느 장면에 있든 장면1부터 시작될 수 있도록 하기 위해서입니다. 따라서 장면1을 제외한 모든 장면의 화분(다른 오브젝트에 코딩해도 상관없음)에 이와 같이 코딩을 해주어야 합니다.

3. 식물의 한살이(식물) 오브젝트에 명령어 블록 쌓기

식물 오브젝트의 모양 탭에서 모양3을 선택한 후 시작 블록 영역의 〈장면이 시작되었을 때〉 ➡ 흐름 블록 영역의 〈~초 기다리기〉: 1초 입력하기 ➡ 생김새 블록 영역의 〈다음 모양으로 바꾸기〉 블록 연결하기 ➡ 시작 블록 영역의 〈다음 장면 시작하기〉 블록 연결하기

[과학] 식물의 한살이(2)

앞 장에서 만든 식물의 한살이(1)를 이어서 만들어봅시다. 앞 장에서와 같이 장면을 추가하고 신호를 이용하여 순차적인 애니메이션을 완성해봅시다. 식물의 한살이 애니메이션이 종료되면 다시 처음부터 관찰할 수 있도록 돌아가기 버튼을 만들어봅니다.

★ **완성 프로젝트** : https://goo.gl/GpQn89
★ **프로젝트 확인** : 실행하기 버튼을 클릭해서 완성할 프로젝트를 확인해봅시다.

POINT 01 생각하기

1. 알고리즘 설계하기

장면4
1. 장면 복제 및 오브젝트 모양 바꾸기
   - 식물의 한살이 오브젝트의 모양 탭에서 '모양4'를 선택하기
2. 장면이 시작되며 무성한 잎들 사이에 꽃이 피어나는 모습 보이기

장면5
1. 장면 복제 후 오브젝트 추가 및 모양을 바꾸고 자리배치하기
   - 추가할 오브젝트 : 글상자(돌아가기) 오브젝트
   - 식물의 한살이 오브젝트의 모양 탭에서 '모양5'를 선택하기
2. 장면이 시작되며 꽃은 사라지고 열매가 자란 모습으로 바꾸기
3. '돌아가기' 글상자 오브젝트가 나타나기

2. 한눈에 보기

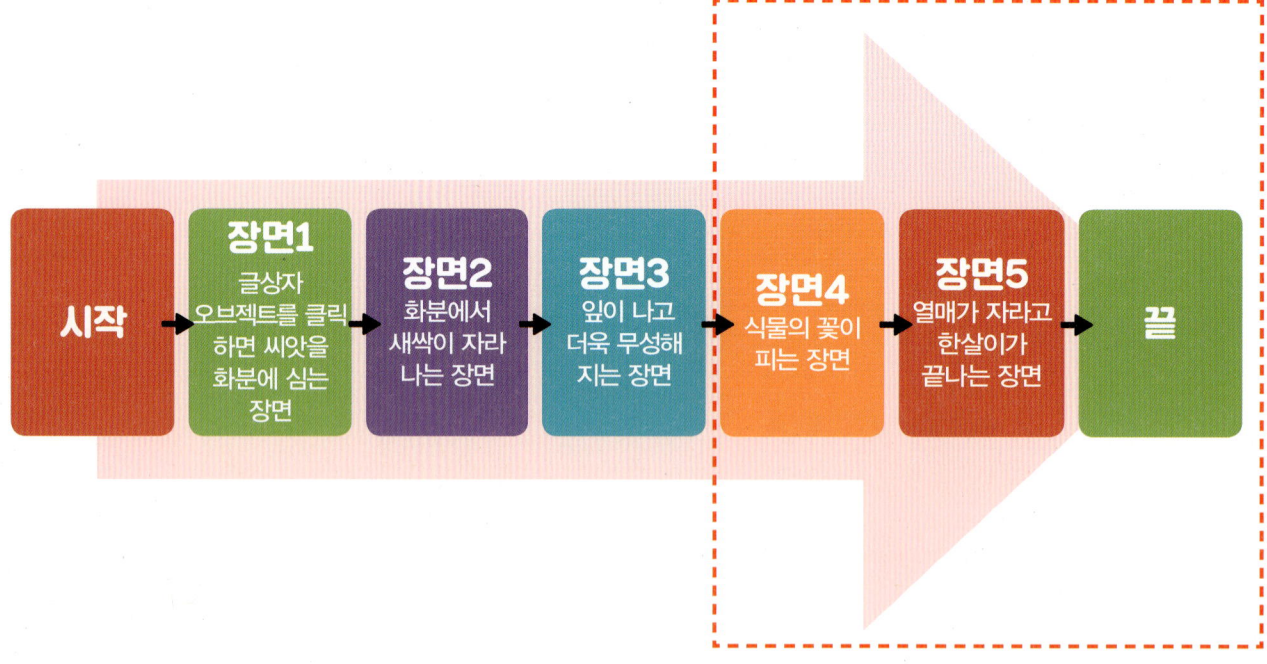

POINT 02 | 프로젝트 시작하기

<장면4 만들기>

1. 오브젝트 추가 및 자리배치하기

❶ 장면4 오브젝트 추가하기 : 움집(배경), 화분, 식물의 한살이 오브젝트

❷ 오브젝트 이름 변경하고 자리배치하기 : 식물의 한살이 오브젝트가 가장 위쪽으로 이동

장면 복제하기를 이용할 경우 별도의 오브젝트를 추가하지 않아도 됩니다. 장면을 복제할 때마다 오브젝트 이름 옆에 숫자가 1씩 늘어나며 나타납니다.

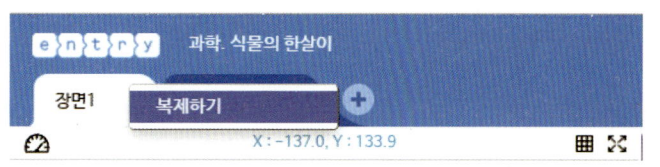

2. 화분 오브젝트에 명령어 블록 쌓기

시작 블록 영역의 〈시작하기 버튼을 클릭했을 때〉 ➡ 시작 블록 영역의 〈장면1 시작하기〉 블록 연결하기

 **TIP!**

화분 오브젝트에 〈시작하기 버튼을 클릭했을 때〉 ➡ 〈장면1 시작하기〉의 명령어 블록을 코딩한 이유는 시작하기 버튼을 클릭했을 때 어느 장면에 있든 장면1부터 시작될 수 있도록 하기 위해서입니다. 따라서 장면1을 제외한 모든 장면의 화분(다른 오브젝트에 코딩해도 상관없음)에 이와 같이 코딩을 해주어야 합니다.

3. 식물의 한살이(식물) 오브젝트에 명령어 블록 쌓기

식물 오브젝트의 모양 탭에서 모양4를 선택한 후 시작 블록 영역의 〈장면이 시작되었을 때〉 ➡ 흐름 블록 영역의 〈~초 기다리기〉 : 1초 입력하기 ➡ 생김새 블록 영역의 〈다음 모양으로 바꾸기〉 블록 연결하기 ➡ 시작 블록 영역의 〈다음 장면 시작하기〉 블록 연결하기

<장면5 만들기>

1. 오브젝트 추가 및 자리배치하기

❶ 장면4를 복제하고 오브젝트 추가하기 : 글상자(돌아가기) 오브젝트
   - 글상자 오브젝트(한라산체, 글자색 : 검정, 배경색 : 흰색, 내용 : 돌아가기) 입력하기

❷ 오브젝트의 이름 변경하고 자리배치하기 : 그림과 같이 오브젝트의 위치를 조정

글상자(돌아가기) 오브젝트는 식물의 한살이 과정 처음 <장면1>부터 다시 실행시키기 위해 모든 과정이 끝난 후 나타납니다.

2. 식물의 한살이(식물) 오브젝트에 명령어 블록 쌓기

식물 오브젝트의 모양 탭에서 모양5를 선택한 후 시작 블록 영역의 〈장면이 시작되었을 때〉 ➡ 흐름 블록 영역의 〈~초 기다리기〉: 1초 입력하기 ➡ 생김새 블록 영역의 〈다음 모양으로 바꾸기〉 블록 연결하기

3. 화분 오브젝트에 명령어 블록 쌓기

시작 블록 영역의 〈시작하기 버튼을 클릭했을 때〉 ➡ 시작 블록 영역의 〈장면1 시작하기〉 블록 연결하기

화분 오브젝트에 〈시작하기 버튼을 클릭했을 때〉 ➡ 〈장면1 시작하기〉의 명령어 블록을 코딩한 이유는 시작하기 버튼을 클릭했을 때 어느 장면에 있든 장면1부터 시작될 수 있도록 하기 위해서입니다. 따라서 장면1을 제외한 모든 장면의 화분(다른 오브젝트에 코딩해도 상관없음)에 이와 같이 코딩을 해주어야 합니다.

4. '돌아가기' 글상자 오브젝트에 명령어 블록 쌓기

❶ 돌아가기 오브젝트를 클릭하면 처음 장면으로 돌아가도록 하기 위해 시작 블록 영역의 〈오브젝트를 클릭했을 때〉 ➡ 시작 블록 영역의 〈장면1 시작하기〉 블록 연결하기

❷ 시작 블록 영역의 〈장면이 시작되었을 때〉 ➡ 아직 식물의 한살이가 끝나지 않았으므로 버튼을 감추기 위해 생김새 블록 영역의 〈모양 숨기기〉 블록 연결하기 ➡ 흐름 블록 영역의 〈~초 기다리기〉 : 3초 입력하기 ➡ 처음으로 돌아가기 위해 오브젝트가 나타나도록 생김새 블록 영역의 〈모양 보이기〉 블록 연결하기

★ 문제 프로젝트 : https://goo.gl/ZPyDZ1
★ 답안 예시 프로젝트 : https://goo.gl/Eqtu1T

(1) 엔트리봇이 학교 운동장을 출발하여 마을 한 바퀴 마라톤을 하는 프로젝트입니다. 답안 예시 프로젝트를 살펴보고 학습했던 내용과 장면 복제를 이용하여 알맞게 프로젝트를 만들어봅시다.

16장

[과학]
화산폭발 실험실(1)

시작 블록은 어떤 사건이 발생했을 때 특정 동작을 실행시키는 명령어 블록입니다. 시작 블록 중 '신호' 관련된 블록들은 여러 개의 동작을 동시에 실행시킬 수 있습니다. 이를 이용해 화산 폭발 과정을 표현하는 프로젝트를 만들어봅시다.

★ **완성 프로젝트** : https://goo.gl/KOTbFo
★ **프로젝트 확인** : 실행하기 버튼을 클릭해서 완성할 프로젝트를 확인해봅시다.

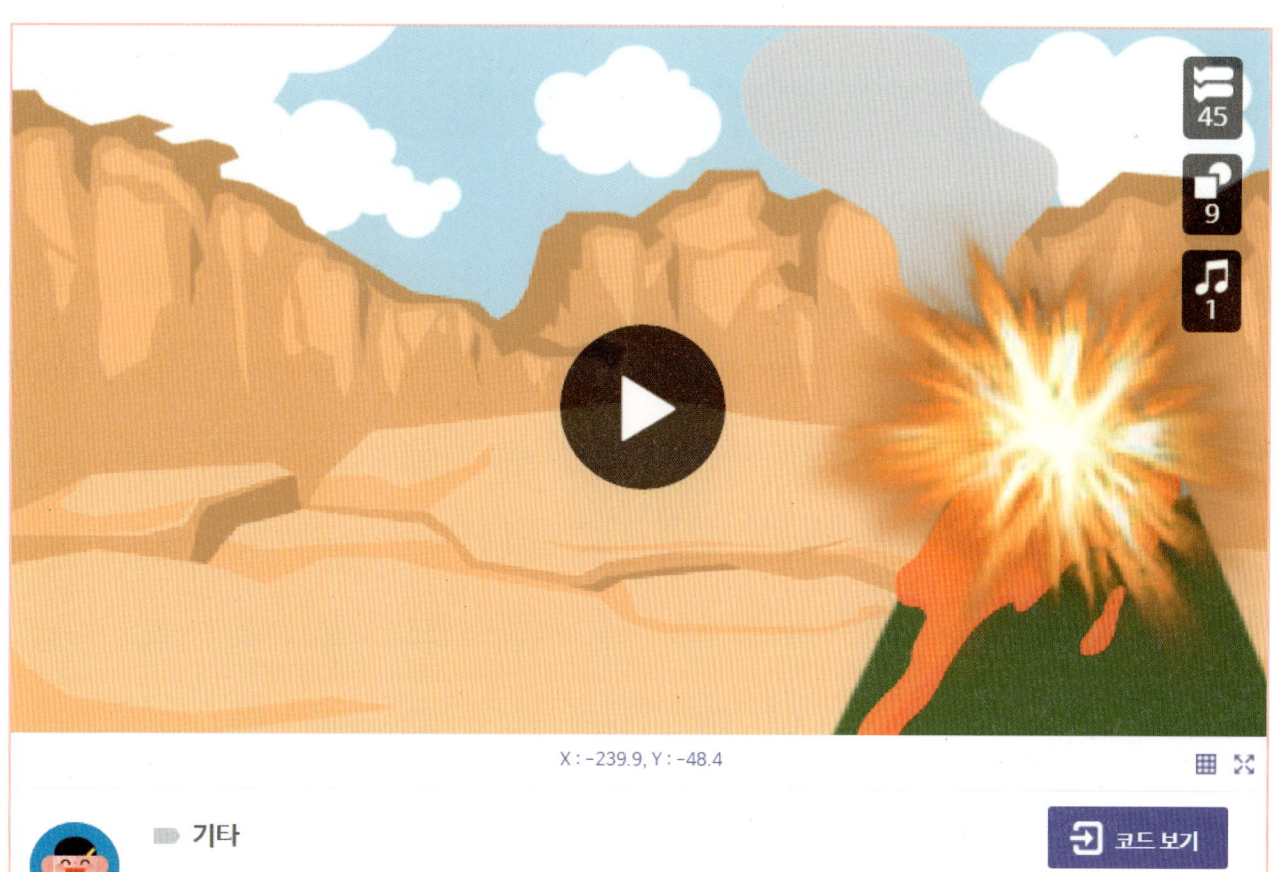

POINT 01 교과 내용 파악하기

1. 교과 연계 : 4학년 1학기 3단원. 화산과 지진

2. 교과 핵심 내용 : 화산활동으로 생기는 다양한 물질을 알고, 화산과 마그마의 활동으로 생기는 대표적인 암석인 현무암과 화강암을 관찰하여 화성암의 특징을 알 수 있습니다.

(1) 분출물(가스, 용암, 화산재, 화산 암석 조각 등)을 알고, 그 특징에 대해 설명하기
(2) 화강암의 생성 과정을 설명하기

3. 교과 핵심 확인 문제

> 화산활동으로 인한 분출물은 어느 것인지 모두 고르시오. (   )
> ① 화산재   ② 화산 암석 조각   ③ 칼데라   ④ 분화구
> ⑤ 용암   ⑥ 암염   ⑦ 철광석   ⑧ 화산가스

POINT 02 블록 이해하기

❶ `장면이 시작되었을때` : 장면이 시작되면 아래에 연결된 블록들을 실행합니다.

❷ `장면 1▼ 시작하기` : 선택한 장면을 실행합니다.

❸ `다음▼ 장면 시작하기` : 이전/다음 장면을 실행합니다.

❹ `화산폭발▼ 신호 보내기` : 정해진 명령을 실행시키기 위해 신호를 보냅니다.

❺ `화산폭발▼ 신호를 받았을 때` : 신호를 받으면 연결된 블록들을 실행합니다.

❻ `오브젝트를 클릭했을 때` : 오브젝트를 클릭하면 연결된 블록들을 실행합니다.

여러 명령어가 동시에 실행되게 하려면 어떻게 해야 하나요?

때로는 여러 가지 동작이나 일들이 동시에 이루어지는 경우가 있습니다. 사이렌의 전원을 켰을 때 요란한 소리와 함께 불빛이 번쩍이는 것처럼 말입니다. 이처럼 동시에 여러 가지 작업들이 개별적으로 실행되는 것을 병렬화라고 합니다. 엔트리 프로그램에서는 〈신호 보내기〉를 이용하여 여러 가지 오브젝트 안에 있는 명령어 블록들이 병렬 실행되도록 만들 수 있습니다.

▲ 화산폭발 신호를 받았을 때 실행되는 명령어 블록들

POINT 03 생각하기

1. 알고리즘 설계하기

장면1

① 오브젝트 추가 및 자리배치하기
  • 추가할 오브젝트 : 협곡(배경), 검은 돌맹이 2개, 화산, 마그마, 연기(3), 펑 오브젝트
② 시작하기 버튼을 클릭하면 화산이 진동하며 연기(화산가스)를 내뿜기
③ 번쩍하는 빛과 굉음이 나오고, 화산 암석 조각, 용암 등이 분출하기

2. 한눈에 보기

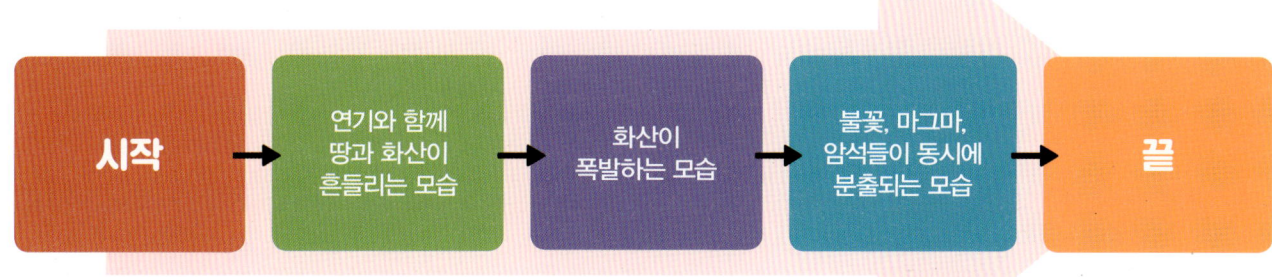

POINT 04 프로젝트 시작하기

1. 오브젝트 추가 및 자리배치하기

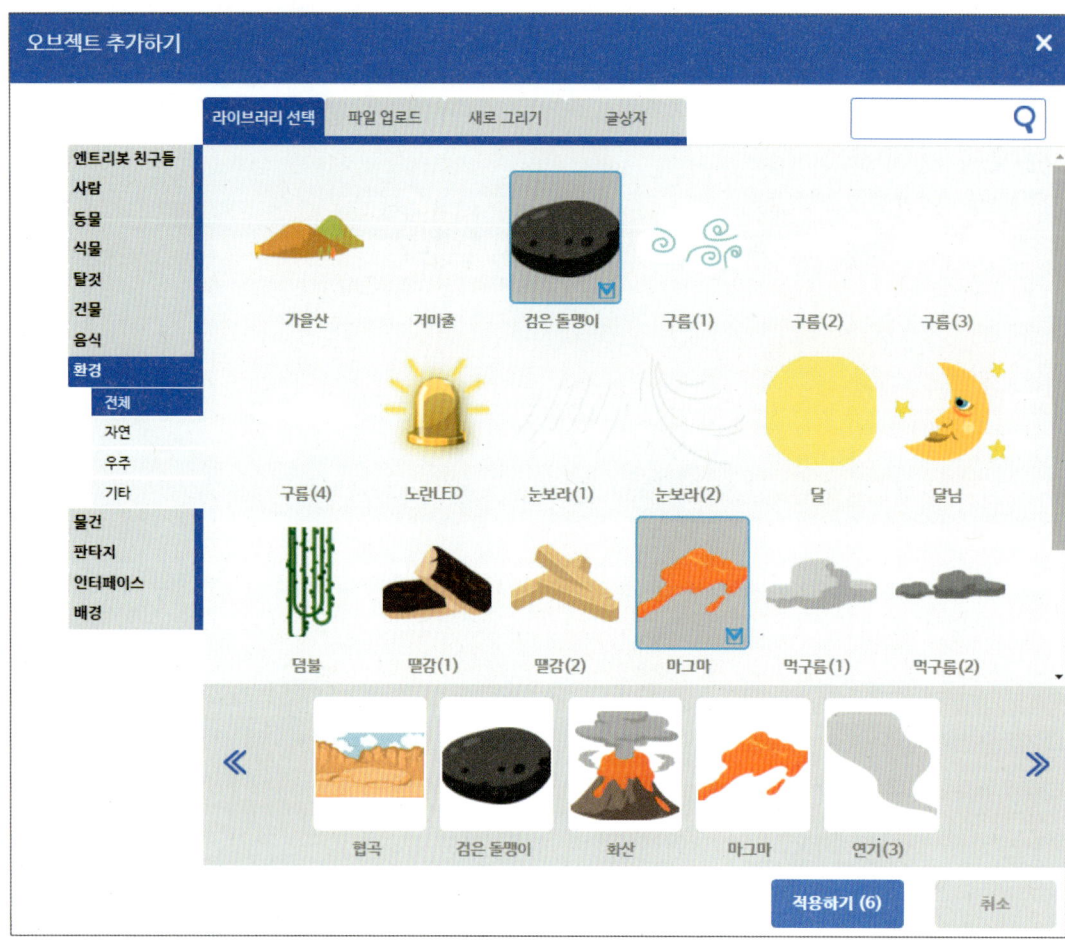

❶ 오브젝트 추가하기 : 협곡(배경), 검은 돌맹이 2개, 화산, 마그마, 연기(3), 펑 오브젝트

❷ 오브젝트 이름 변경 및 알맞은 자리에 배치하기
　① 오브젝트의 이름은 화산활동과 관련한 이름(불꽃, 화산가스, 화산 암석 조각 등)으로 바꾸기
　② 오브젝트 목록에서 실행 창에 보여지는 모습이 자연스럽도록 오브젝트의 순서를 조정하기

오브젝트 목록에서 화산 오브젝트보다 마그마, 화산가스. 불꽃 오브젝트들을 항상 위쪽에 있을 수 있도록 배치해야 자연스런 화면 연출이 가능합니다. 해당 오브젝트가 없는 경우 유사한 오브젝트를 추가하고 오브젝트의 이름을 변경합니다.

2. 화산 오브젝트에 첫 번째, 두 번째 명령어 블록 쌓기

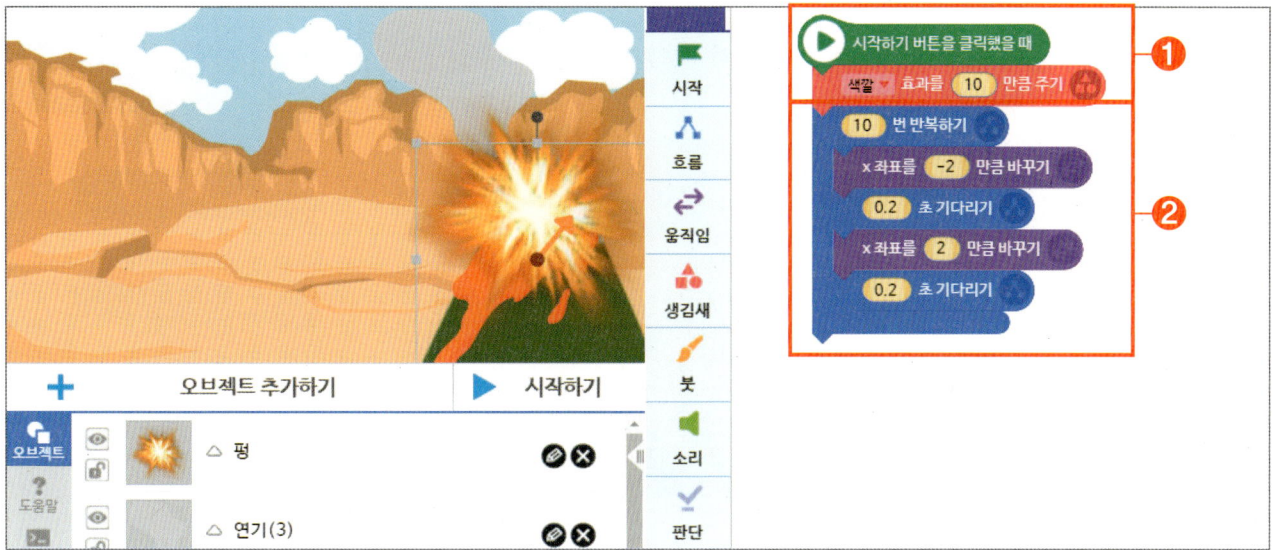

❶ 시작 블록 영역의 〈시작하기 버튼을 클릭했을 때〉 ➡ 화산의 색깔을 바꾸기 위해 생김새 블록 영역의 〈색깔 효과를 ~만큼 주기〉 : 10 입력하기

❷ 화산의 흔들림을 표현하기 위해 흐름 블록 영역의 〈~번 반복하기〉 : 10번 입력하기 ➡ 움직임 블록 영역의 〈X좌표를 ~만큼 바꾸기〉 : −2 입력하기 ➡ 흐름 블록 영역의 〈~초 기다리기〉 : 0.2초 입력하기 ➡ 움직임 블록 영역의 〈X좌표를 ~만큼 바꾸기〉 : 2 입력하기 ➡ 흐름 블록 영역의 〈~초 기다리기〉 : 0.2초 입력하기

❸ 시작 블록 영역의 〈시작하기 버튼을 클릭했을 때〉 ➡ 흐름 블록 영역의 〈~초 기다리기〉 : 7초 입력하기 ➡ 생김새 블록 영역의 〈다음 모양으로 바꾸기〉 블록 연결하기 ➡ 속성 탭에서 "화산폭발" 신호 추가하기 ➡ 시작 블록 영역의 〈화산폭발 신호 보내기〉 블록 연결하기

3. 화산가스 오브젝트에 명령어 블록 쌓기

시작 블록 영역의 〈시작하기 버튼을 클릭했을 때〉 ➡ 생김새 블록 영역의 〈모양 숨기기〉 블록 연결하기 ➡ 흐름 블록 영역의 〈~초 기다리기〉 : 3초 입력하기 ➡ 생김새 블록 영역의 〈모양 보이기〉 블록 연결하기 ➡ 흐름 블록 영역의 〈~초 기다리기〉 : 4초 입력하기 ➡ 생김새 블록 영역의 〈모양 숨기기〉 블록 연결하기

17장

[과학] 화산폭발 실험실(2)

앞 장에서 만든 화산폭발 실험실(1)을 이어서 만들어봅시다. 앞 장에서 화산폭발 실험을 위한 준비를 하였다면 이번에는 신호보내기를 이용하여 여러 개의 오브젝트가 실행되도록 프로젝트를 만들어봅니다.

★ 완성 프로젝트 : https://goo.gl/KOTbFo
★ 프로젝트 확인 : 실행하기 버튼을 클릭해서 완성할 프로젝트를 확인해봅시다.

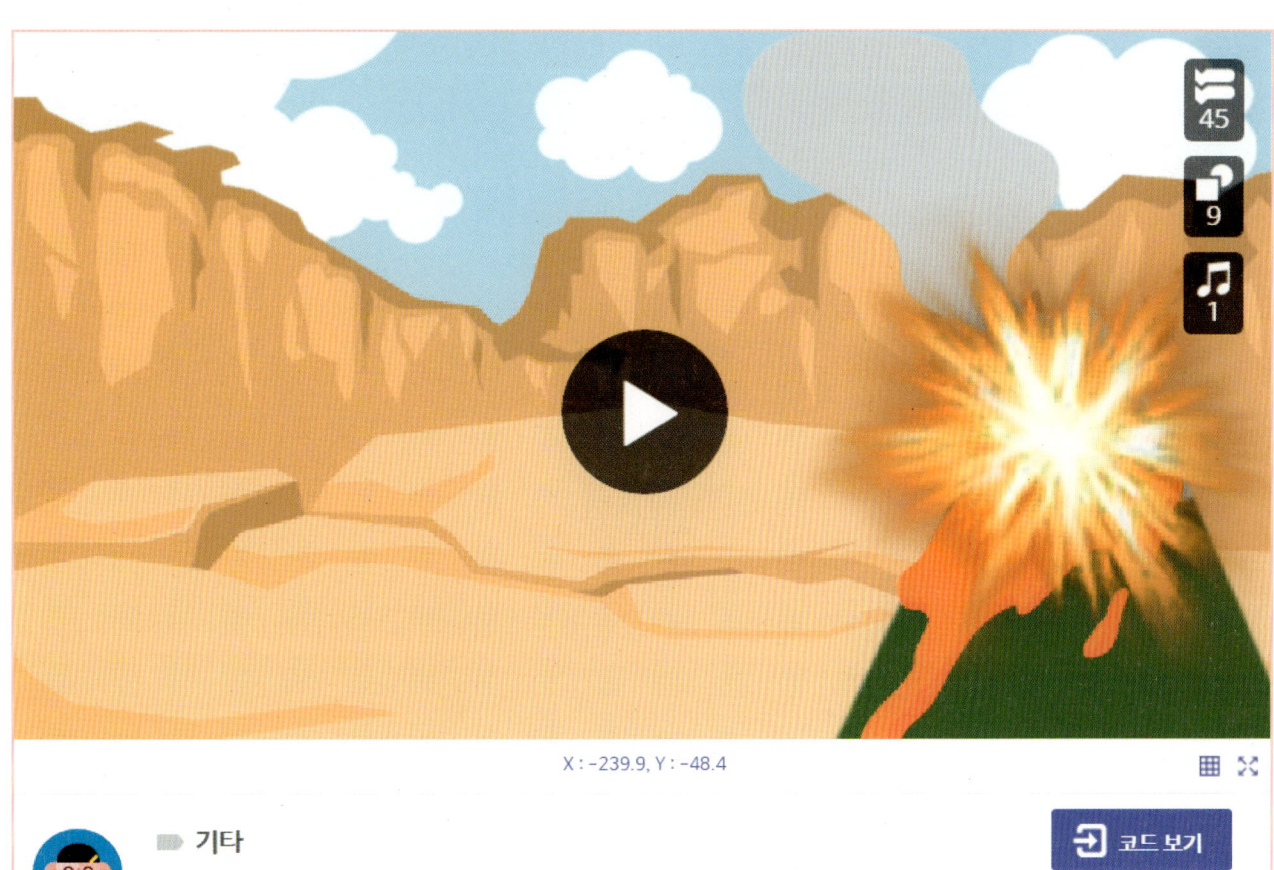

> **POINT 01** 생각하기

1. 알고리즘 설계하기

장면1	① 오브젝트 추가 및 자리배치하기

- ① 오브젝트 추가 및 자리배치하기
  - 추가할 오브젝트 : 협곡(배경), 검은 돌맹이 2개, 화산, 마그마, 연기(3), 펑 오브젝트
- ② 시작하기 버튼을 클릭하면 화산이 진동하며 연기(화산가스)를 내뿜기
- ③ 번쩍하는 빛과 굉음이 나오고, 화산 암석 조각, 용암 등이 분출하기

2. 한눈에 보기

시작 → 연기와 함께 땅과 화산이 흔들리는 모습 → 화산이 폭발하는 모습 → 불꽃, 마그마, 암석들이 동시에 분출되는 모습 → 끝

POINT 02 | 프로젝트 시작하기

1. 불꽃 오브젝트에 첫 번째, 두 번째 명령어 블록 쌓기

❶ 해당 오브젝트가 화산폭발과 함께 나타나기 전까지는 숨기기 위해 시작 블록 영역의 〈시작하기 버튼을 클릭했을 때〉 ➡ 생김새 블록 영역의 〈모양 숨기기〉 블록 연결하기

❷ 시작 블록 영역의 〈화산폭발 신호를 받았을 때〉 ➡ 생김새 블록 영역의 〈모양 보이기〉 블록 연결하기 ➡ 소리 탭의 소리 추가를 이용해 '천둥' 소리를 추가하고 소리 블록 영역의 〈소리 천둥 재생하기〉 블록 연결하기 ➡ 흐름 블록 영역의 〈~초 기다리기〉 : 2초 입력하기 ➡ 생김새 블록 영역의 〈모양 숨기기〉 블록 연결하기

2. 마그마 오브젝트에 첫 번째, 두 번째 명령어 블록 쌓기

❶ 시작 블록 영역의 〈시작하기 버튼을 클릭했을 때〉 ➡ 생김새 블록 영역의 〈모양 숨기기〉 블록 연결하기

❷ 시작 블록 영역의 〈화산폭발 신호를 받았을 때〉 ➡ 생김새 블록 영역의 〈모양 보이기〉 블록 연결하기 ➡ 흐름 블록 영역의 〈~초 기다리기〉 : 2초 입력하기

3. 화석 암석 조각 오브젝트에 첫 번째, 두 번째 명령어 블록 쌓기

 시작 블록 영역의 〈시작하기 버튼을 클릭했을 때〉 ➡ 생김새 블록 영역의 〈크기를 ~(으)로 정하기〉 : 계산 블록 영역의 〈~부터 ~사이의 무작위 수〉 블록에 20, 40을 순서대로 입력하고 끌어다 넣기 ➡ 생김새 블록 영역의 〈모양 숨기기〉 블록 연결하기

❷ 시작 블록 영역의 〈화산폭발 신호를 받았을 때〉 ➡ 생김새 블록 영역의 〈모양 보이기〉 블록 연결하기 ➡ 화산 암석 조각이 날아가는 모습을 표현하기 위해 움직임 블록 영역의 〈~초 동안 X : ~, Y : ~위치로 이동하기〉 : 1초, X : 160, Y : 90 입력하기 ➡ 움직임 블록 영역의 〈~초 동안 X : ~, Y : ~위치로 이동하기〉 : 1초, X : -130, Y : -80 입력하기

TIP!

여러 개의 화산 암석 조각이 분출되는 모습을 표현하기 위해 화석 암석 조각1 오브젝트에도 동일한 형태의 명령어 블록을 쌓되, x, y의 값은 아래의 그림과 같이 입력합니다.

▲ 화석 암석 조각1의 명령어 블록 쌓기 예시

★ 문제 프로젝트 : https://goo.gl/8hH4oe
★ 답안 예시 프로젝트 : https://goo.gl/qJEZsY

(1) 엔트리 학교의 조용한 밴드부 연습 동영상입니다. 비록 음소거 상태라서 소리는 들리지 않지만 음악 시작 신호에 따라 모두가 자기의 역할을 하고 있습니다. 답안 예시 프로젝트를 살펴보고 이와 같이 신호에 따른 병렬 실행이 가능하도록 명령어 블록 쌓기를 완성해봅시다.

17장 | [과학] 화산폭발 실험실(2) **149**

18장

[과학] 바닷가에서 낮과 밤의 바람의 방향(1)

흐름 블록 영역의 〈만일 ~이라면〉 블록과 같이 조건의 판단 결과에 따라 명령어 블록 명령의 실행여부가 결정되는 경우가 있습니다. 흐름 블록 안의 명령어 블록을 사용해 바닷가에서 낮과 밤의 바람의 방향을 나타내는 시뮬레이션 프로그램을 만들어봅시다.

★ 완성 프로젝트 : https://goo.gl/L1GwIi
★ 프로젝트 확인 : 실행하기 버튼을 클릭해서 완성할 프로젝트를 확인해봅시다.

POINT 01   교과 내용 파악하기

1. **교과 연계** : 5학년 2학기 1단원. 날씨와 우리생활

2. **교과 핵심 내용** : 습도가 우리 생활에 영향을 끼치고 있음을 알고, 이슬, 안개, 구름이 생기는 과정과 비가 내리는 과정, 바닷가에서 낮과 밤에 바람의 방향이 바뀌는 까닭을 알 수 있습니다.
   (1) 하루 동안의 지면과 수면의 온도 변화 과정을 설명하기
   (2) 바람이 부는 원인을 알고, 바닷가에서 낮과 밤에 부는 바람의 방향 변화를 설명하기
   (3) 고기압과 저기압의 의미를 이해하고 기압과 날씨와의 관계를 설명하기
   (4) 날씨가 우리 생활에 많은 영향을 끼치고 있음을 설명하기

3. **교과 핵심 확인 문제**

> 다음은 바닷가에서 부는 바람의 방향이 낮과 밤에 바뀌는 까닭입니다. 빈 칸에 들어갈 알맞은 말을 순서대로 쓰시오. (　　　　,　　　　)
>
> 바닷가에서 낮에는 육지의 온도가 바다의 온도보다 높고, 밤에는 바다의 온도가 육지의 온도보다 높습니다. 따라서 낮에는 ■■이 불고, 밤에는 ■■이 붑니다.

POINT 02   블록 이해하기

❶ `만일 〈참〉 이라면` : 만일 판단의 내용이 참이라면 감싸고 있는 명령어 블록들을 실행시킵니다.

❷ `만일 〈참〉 이라면 / 아니면` : 만일 판단이 참이면, 첫 번째 감싸고 있는 명령어 블록들을 실행하고, 거짓이면 두 번째 감싸고 있는 명령어 블록들을 실행합니다.

❸ `〈참〉 이 될 때까지 반복하기` : 선택에 따라 판단이 '참인 동안' 또는 '참이 될 때까지' 감싸고 있는 블록들을 반복 실행합니다.

❹ `계속 반복하기` : 감싸고 있는 명령어 블록들을 계속해서 반복 실행합니다.

모든 프로그램을 멈추려면 어떻게 해야 하나요?

게임 프로그램 등에서 캐릭터가 죽으면 모든 게임이 종료되는 것과 같이 프로그램 내의 모든 명령어 블록을 멈추는 블록은 어떤 것일까요?
흐름 블록 영역의 〈모든 코드 멈추기〉 블록은 선택에 따라 특정한 오브젝트나 모든 오브젝트의 명령어 블록을 멈출 수 있습니다.

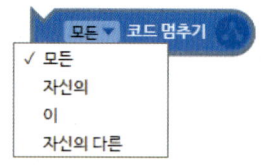

▲ 모든 코드 멈추기 블록

POINT 03 생각하기

1. 알고리즘 설계하기

장면1-낮

① 오브젝트 추가 및 자리배치하기
  • 추가할 오브젝트 : 휴양섬(배경), 바람, 글상자(낮, 밤) 오브젝트 2개
② 프로그램이 시작하고 바람의 모습이 사라지고 낮과 밤 버튼을 선택하기
③ 낮을 클릭하면 〈낮〉 장면에서 바람이 시계방향으로 사각형을 그리며 돌기

2. 한눈에 보기

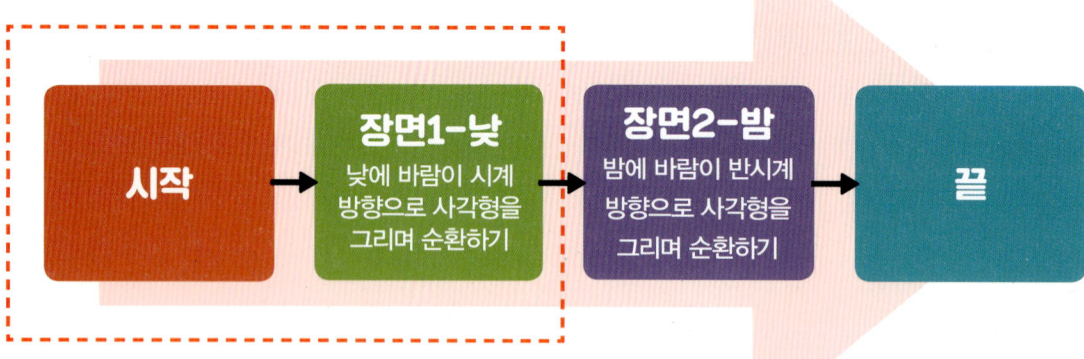

POINT 04 프로젝트 시작하기

<장면1(낮) 만들기>

1. 오브젝트 추가 및 자리배치하기

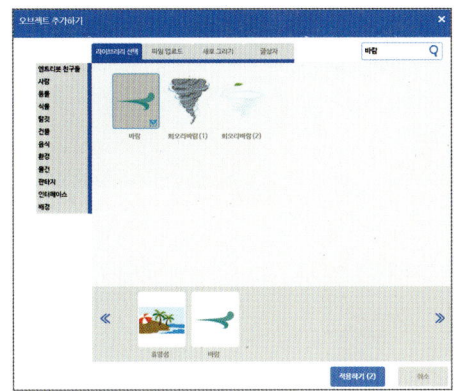

❶ 오브젝트 추가 및 자리배치하기

　① 추가할 오브젝트 : 휴양섬(배경), 바람, 글상자(낮, 밤) 오브젝트 2개

　② 글상자 오브젝트 추가하기

　　: 낮 오브젝트 – 바탕체, 가운데 정렬, 글자색 검정, 음영색 흰색 선택

　　: 밤 오브젝트 – 바탕체, 가운데 정렬, 글자색 흰색, 음영색 검정 선택

❸ 오브젝트들을 알맞은 자리에 배치하기

프로그램의 원활한 실행을 위해 장면1의 이름을 '낮'으로 수정합니다.

2. '낮' 글상자 오브젝트에 명령어 블록 쌓기

❶ 시작 블록 영역의 〈오브젝트를 클릭했을 때〉 ➡ 속성 탭에서 "낮" 신호 추가하기 ➡ 시작 블록 영역의 〈낮 신호 보내기〉 블록 연결하기

❷ 밤 장면에서 낮 오브젝트가 프로그램이 클릭되는 상황을 위해서 시작 블록 영역의 〈장면이 시작되었을 때〉 ➡ 시작 블록 영역의 〈낮 신호 보내기〉 블록 연결하기

3. '밤' 글상자 오브젝트에 명령어 블록 쌓기

시작 블록 영역의 〈오브젝트를 클릭했을 때〉 ➡ 시작 블록 영역의 〈밤 시작하기〉 블록 연결하기

〈밤 시작하기〉 블록은 장면1을 복제한 후 장면 이름을 '밤'으로 변경하면 시작 블록 영역에서 찾을 수 있습니다.

4. 바람 오브젝트에 명령어 블록 쌓기

❶ 시작 블록 영역의 〈시작하기 버튼을 클릭했을 때〉 ➡ 생김새 블록 영역의 〈모양 숨기기〉 블록 연결하기

❷ 시작 블록 영역의 〈낮 신호를 받았을 때〉 ➡ 생김새 블록 영역의 〈모양 보이기〉 블록 연결하기 ➡ 흐름 블록 영역의 〈계속 반복하기〉 블록 연결하기 ➡ 흐름 블록 영역의 〈만일 ~이라면, 아니면〉 : 판단 블록 영역의 〈벽에 닿았는가?〉 블록 연결하기

❸ 첫 번째 포함 영역에 움직임 블록 영역의 〈이동 방향으로 ~만큼 움직이기〉 : -50 입력하기 ➡ 첫 번째 포함 영역에 이어서 움직임 블록 영역의 〈방향을 ~만큼 회전하기〉 : 90° 입력하기 ➡ 아래쪽 포함 영역에 움직임 블록 영역의 〈이동 방향으로 ~만큼 움직이기〉 : 50 입력하기 ➡ 아래쪽 포함 영역에 이어서 흐름 영역 블록의 〈~초 기다리기〉 : 0.5 입력하기

바람의 방향은 모양 탭에서 회전을 이용해 조정하도록 합니다.

19장

[과학] 바닷가에서 낮과 밤의 바람의 방향(2)

앞 장에서 만든 바닷가에서 낮과 밤의 바람의 방향(1)을 이어서 만들어봅시다. 앞 장에서 낮의 바람의 방향을 표현했다면 장면 기능을 활용하여 밤의 바람의 방향을 나타내는 방법을 알아봅니다.

★ 완성 프로젝트 : https://goo.gl/L1Gwli
★ 프로젝트 확인 : 실행하기 버튼을 클릭해서 완성할 프로젝트를 확인해봅시다.

POINT 01　생각하기

1. 알고리즘 설계하기

| 장면2-밤 | ❶ 장면 복제 및 이름 수정하기
　• 구분을 위하여 두 번째 장면의 이름을 '밤'으로 수정하기
❷ 장면이 시작되면 밤과 같이 밝기가 어두워지게 하기
❸ 낮과는 반대 방향(반시계 방향)으로 사각형을 그리며 돌기 |

2. 한눈에 보기

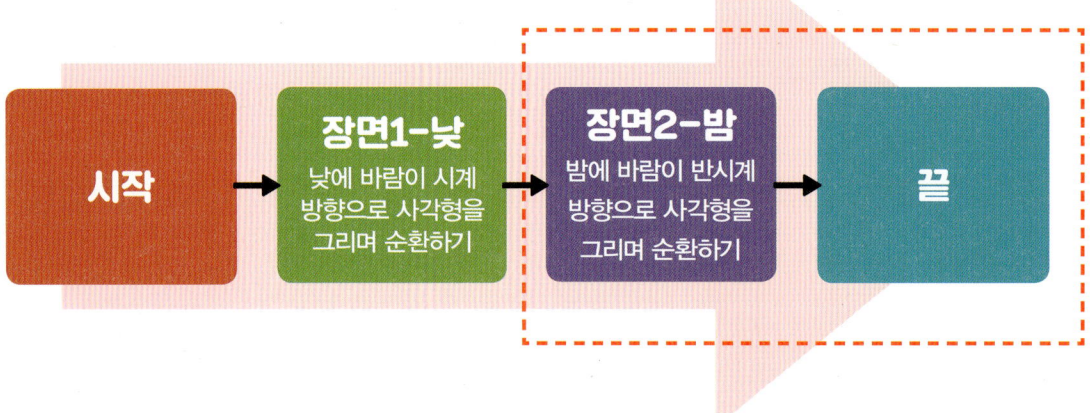

| POINT 02 | 프로젝트 시작하기 |

<장면2(밤) 만들기>

1. 장면 복제 및 이름 수정하기

구분을 위하여 두 번째 장면의 이름을 '밤'으로 수정하기

2. '낮' 글상자 오브젝트에 명령어 블록 쌓기

시작 블록 영역의 〈오브젝트를 클릭했을 때〉 ➡ 시작 블록 영역의 〈낮 시작하기〉 블록 연결하기

 TIP!

밤 장면에서도 낮 오브젝트를 클릭하면 낮 장면으로 이동하여 실행되도록 합니다. 또한 현재 밤 장면이 실행되고 있으므로 밤 오브젝트에는 별도의 명령어 블록을 쌓지 않아도 됩니다.

3. 바람 오브젝트에 명령어 블록 쌓기

❶ 이 장면에서 시작하기 버튼을 클릭하더라도 낮 장면부터 프로그램이 실행되도록 시작 블록 영역의 〈시작하기 버튼을 클릭했을 때〉 ➡ 시작 블록 영역의 〈낮 시작하기〉 블록 연결하기

❷ 시작 블록 영역의 〈장면이 시작되었을 때〉 ➡ 바람의 방향이 반대가 되게 하기 위해 생김새 블록 영역의 〈좌우 모양 뒤집기〉 블록 연결하기 ➡ 생김새 블록 영역의 〈모양 보이기〉 블록 연결하기 ➡ 흐름 블록 영역의 〈계속 반복하기〉 블록 연결하기

❸ 흐름 블록 영역의 〈만일 ~이라면, 아니면〉 : 판단 블록 영역의 〈벽에 닿았는가?〉 블록 연결하기 ➡ 첫 번째 포함 영역에 움직임 블록 영역의 〈이동 방향으로 ~만큼 움직이기〉 : 50 입력하기 ➡ 첫 번째 포함 영역에 이어서 움직임 블록 영역의 〈방향을 ~만큼 회전하기〉 : 270° 입력하기

❹ 아래쪽 포함 영역에 움직임 블록 영역의 〈이동 방향으로 ~만큼 움직이기〉 : -50 입력하기 ➡ 아래쪽 포함 영역에 이어서 흐름 영역 블록의 〈~초 기다리기〉 : 0.5 입력하기

낮 오브젝트를 클릭하면 낮 장면으로 전환되어 바람이 시계방향으로 돌기

4. 휴양섬(배경) 오브젝트에 명령어 블록 쌓기

시작 블록 영역의 〈장면이 시작되었을 때〉 ➡ 밤처럼 밝기를 어둡게 하기 위해서 생김새 블록 영역의 〈밝기 효과를 ~(으)로 정하기〉 : -100 입력하기

★ 문제 프로젝트 : https://goo.gl/LBYqX1
★ 답안 예시 프로젝트 : https://goo.gl/yDdEeq

(1) 흐름 블록 영역의 명령어 블록들은 오브젝트를 조건에 따라 실행되도록 만듭니다. 〈만일 ~이라면〉 블록과 방향 키를 이용하여 답안 예시 프로젝트의 비행기처럼 입력한 대로 모양과 방향이 바뀌는 프로그램을 만들어 볼까요?

[도덕] 덕목 명언집(1)

자료 블록은 프로그램에서 값을 임시로 저장해 주는 변수와 여러 개의 데이터를 한꺼번에 저장할 수 있는 리스트와 관련된 명령어 블록입니다. 자료 블록을 사용해 덕목 명언집 프로그램을 만들어봅시다.

 ★ 완성 프로젝트 : https://goo.gl/FeM4Hn
★ 프로젝트 확인 : 실행하기 버튼을 클릭해서 완성할 프로젝트를 확인해봅시다.

POINT 01 교과 내용 파악하기

1. **교과 연계** : 4학년 1학기 1단원. 최선을 다하는 생활

2. **교과 핵심 내용** : 정직한 생활을 실천하기 위한 마음을 가꿀 수 있습니다.
   (1) 정직한 생활의 중요성 알기
   (2) 정직한 생활을 실천하기 위한 마음 가꾸기

3. **교과 핵심 확인 문제**

   정직과 관련된 명언을 모두 찾아봅시다. (   )

   ① 살아서든 죽어서든 너의 책임을 완수하라.
   ② 경험보다는 믿음이 진리를 더 빨리 파악한다.
   ③ 한가한 인간은 고여 있는 물이 썩는 것과도 같다.
   ④ 정직한 인간은 신이 창조한 가장 기품이 높은 작품이다.
   ⑤ 거짓말 잘하는 명인이 아닌 바에야 진실을 말하는 것이 항상 최량책이다.

POINT 02 블록 이해하기

❶ `대답` : 묻고 기다리기에 의해 입력된 값입니다.

❷ `바꿀 번호 ▼ 값` : 선택된 변수에 저장된 값입니다.

❸ `대답 숨기기 ▼` : 실행 화면에 있는 대답 창을 보이게 하거나 숨길 수 있습니다.

❹ `정직 관련 명언 ▼ 의 1 번째 항목` : 선택한 리스트에서 선택한 값의 순서에 있는 항목의 값을 의미합니다.

❺ `안녕! 을(를) 묻고 대답 기다리기` : 해당 오브젝트가 입력한 문자를 말풍선으로 묻고 대답을 입력합니다.
   (이 블록을 블록 조립소로 가져오면 실행화면에 '대답 창'이 생성됩니다.)

리스트란 무엇이고 어떻게 만들죠?

리스트란 비슷한 특성을 가지고 있는 자료들을 순서를 정해서 모아놓은 것이라 할 수 있습니다. 여러 개의 자료가 나열되어 있는 형태가 목록과 같고, 각각에 붙은 번호로 구분할 수 있습니다. 리스트를 만들려면, 속성 탭에서 리스트를 선택한 후 리스트 추가 버튼을 클릭하고, 알맞은 리스트 이름을 입력하면 됩니다.

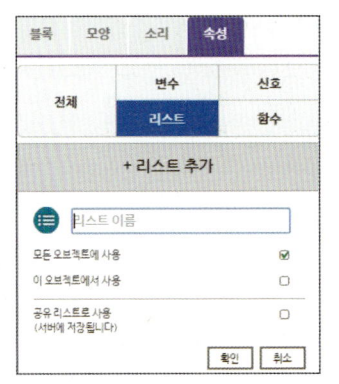

POINT 03 생각하기

1. 알고리즘 설계하기

덕목 명언집 만들기

❶ 오브젝트 추가 및 자리배치하기
  • 추가할 오브젝트 : 학교 배경, 글상자 오브젝트 3개
❷ 정직과 관련된 명언 추가하기
❸ 다른 명언으로 바꾸기
❹ 명언 지우기

2. 한눈에 보기

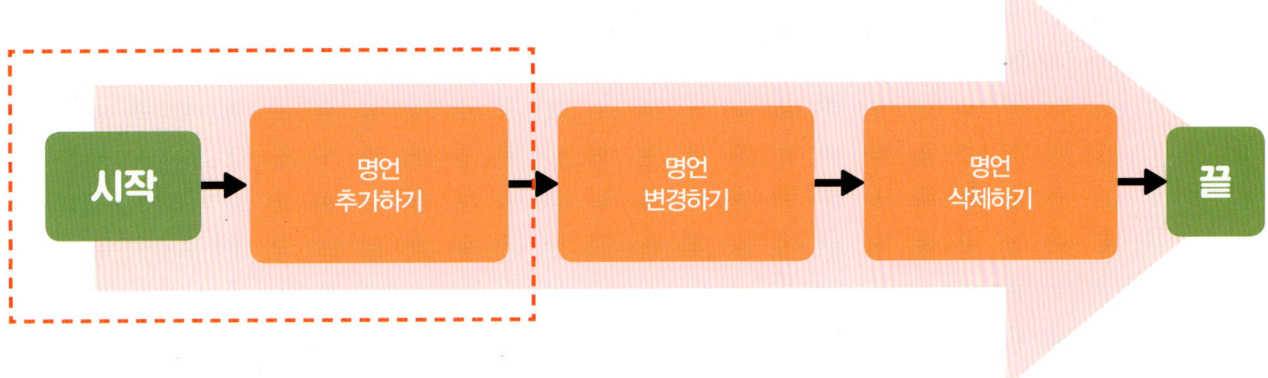

POINT 04 프로젝트 시작하기

1. 오브젝트 추가 및 자리배치하기

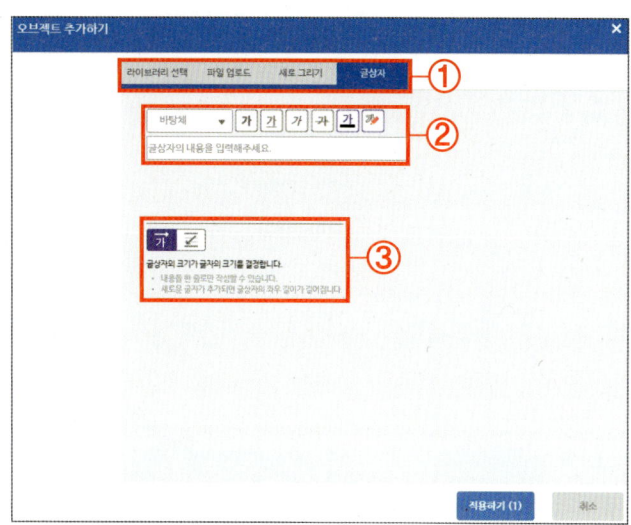

❶ 오브젝트 추가하기 : 학교 배경, 글상자 오브젝트 3개
  - 학교 배경, 글상자 오브젝트 추가하기
  - 글상자 오브젝트의 경우 오브젝트 추가를 하면서 글씨체, 굵기, 글자색, 배경색 등의 효과를 지정할 수 있음
    ① 오브젝트 추가하기-글상자 오브젝트 3개
    ② 글씨체, 굵기, 밑줄, 글자색, 배경색, 글상자의 내용 등 입력하기 : '명언 추가', '명언 변경', '명언 삭제' 각각 입력
    ③ 글상자의 크기 및 글자 크기 바꾸기

❷ 오브젝트 자리배치하기 : 적절한 위치에 오브젝트 자리 잡기

2. '명언 추가' 글상자 오브젝트에 명령어 블록 쌓기

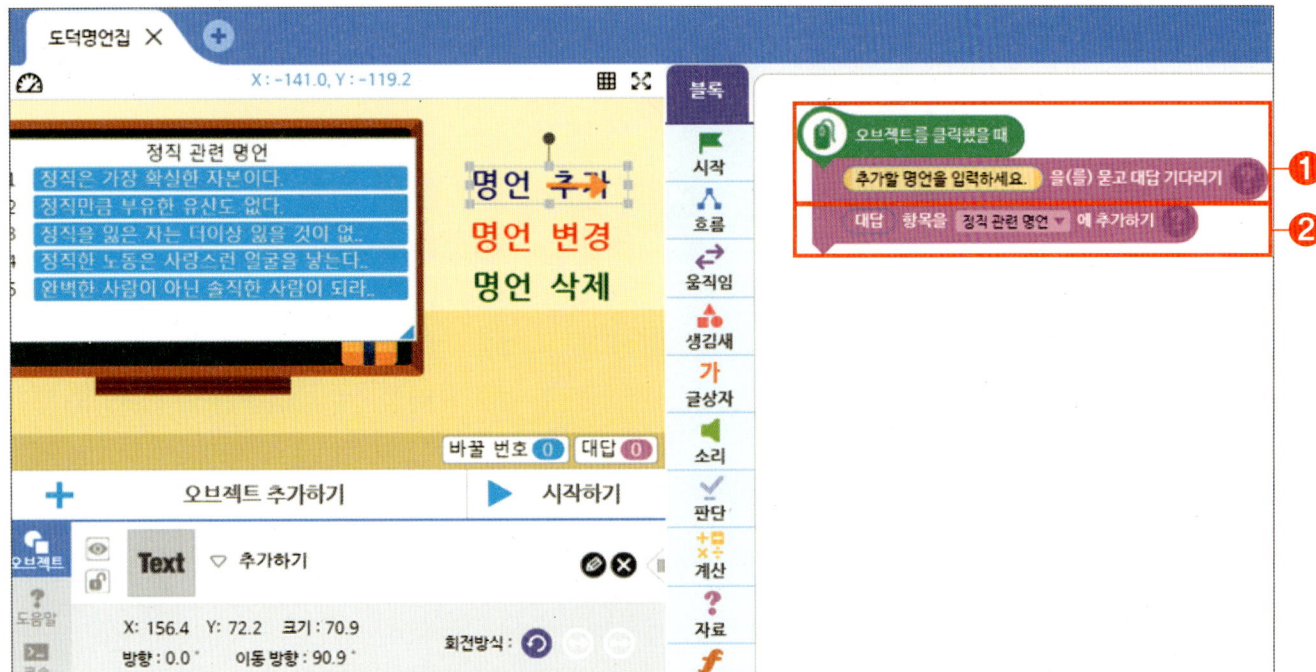

❶ 시작 블록 영역의 〈오브젝트를 클릭했을 때〉 ➡ 자료 블록 영역의 〈~을 묻고 대답 기다리기〉 : '추가할 명언을 입력하세요.' 입력하기 ➡ 속성 탭에서 리스트-리스트 추가하기 : 리스트 이름 및 항목 입력하기

① 리스트 이름 : '정직 관련 명언' 입력하기

② 리스트 보이기 : 체크하기

리스트 항목 수 5개로 입력한 후 생성된 각 항목에 정직과 관련된 명언 넣기
- 정직은 가장 확실한 자본이다.
- 정직만큼 부유한 유산도 없다.
- 정직을 잃은 자는 더 이상 잃을 것이 없다.
- 정직한 노동은 사랑스런 얼굴을 낳는다.
- 완벽한 사람이 아닌 솔직한 사람이 되라.

❷ 자료 블록 영역의 〈~항목을 ~에 추가하기〉 : 앞에서 만든 리스트 '정직 관련 명언'을 선택하여 추가하기

'~묻고 대답 기다리기' 블록을 사용하면 〈대답〉이 자동으로 만들어집니다. 이 대답 값, 즉 추가된 명언은 위의 과정을 거쳐 리스트에 추가됩니다.

21장

[도덕]
덕목 명언집(2)

앞 장에서 만든 도덕 명언집(1)을 이어서 만들어봅시다. 앞장에서 명언을 추가하였다면 이번에는 명언을 변경하고 삭제하는 방법을 알아봅니다.

★ 완성 프로젝트 : https://goo.gl/FeM4Hn
★ 프로젝트 확인 : 실행하기 버튼을 클릭해서 완성할 이야기를 확인해봅시다.

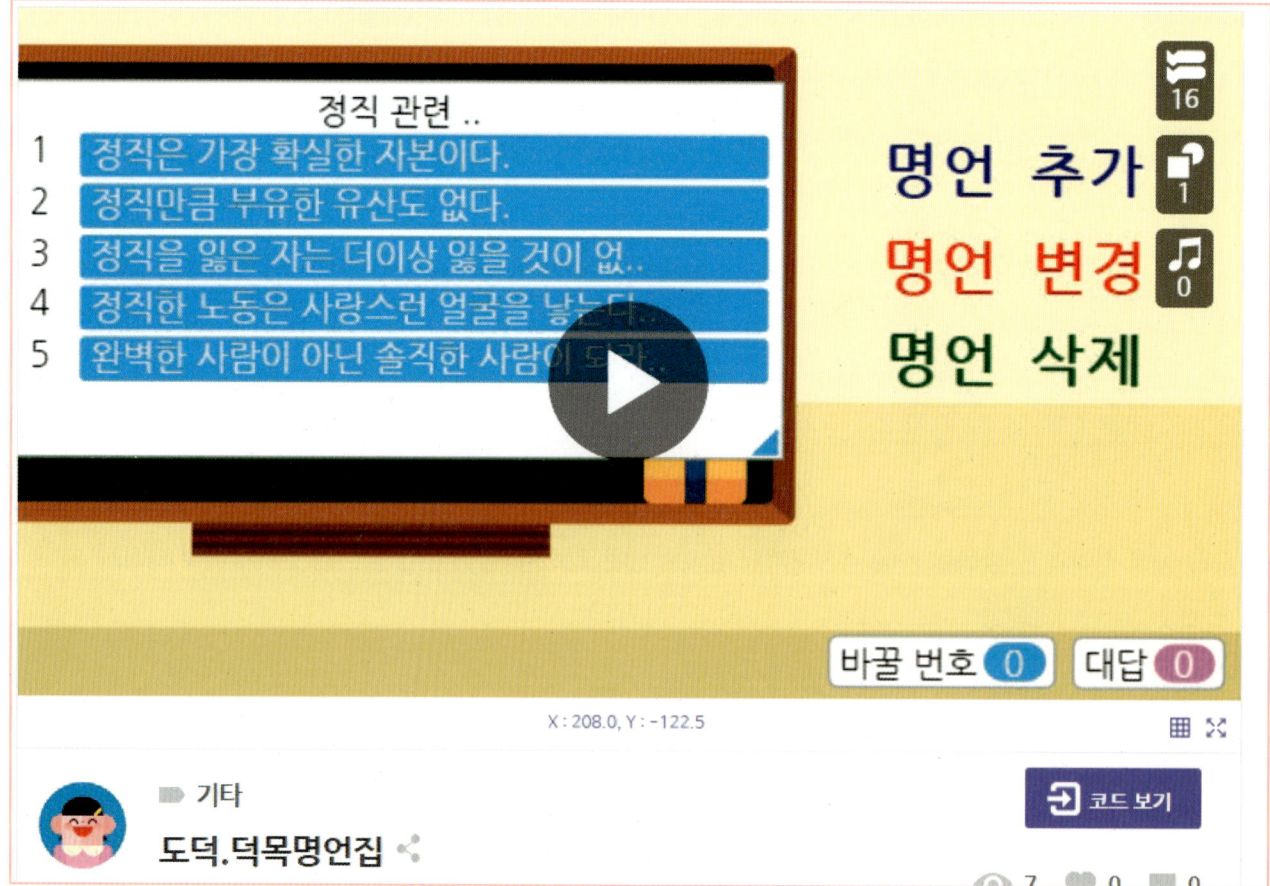

POINT 01 생각하기

1. 알고리즘 설계하기

덕목 명언집 만들기

① 오브젝트 추가 및 자리배치하기
  • 추가할 오브젝트 : 학교 배경, 글상자 오브젝트 3개
② 정직과 관련된 명언 추가하기
③ 다른 명언으로 바꾸기
④ 명언 지우기

2. 한눈에 보기

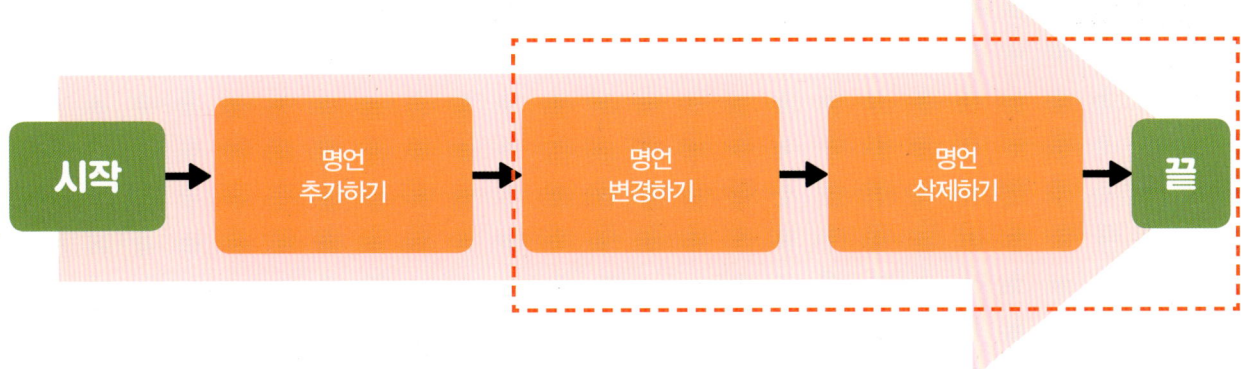

| POINT 02 | 프로젝트 시작하기 |

<명언 변경하기>

1. '명언 변경' 글상자 오브젝트에 명령어 블록 쌓기

❶ 시작 블록 영역의 〈오브젝트를 클릭했을 때〉 ➡ 자료 블록 영역의 〈~을 묻고 대답 기다리기〉 : '몇 번째 명언을 수정할까요? (숫자만 입력)' 입력하기 ➡ 속성 탭에서 "바꿀 번호" 변수 만들기 ➡ 자료 블록 영역의 〈~을 ~로 정하기〉 : 변수 "바꿀 번호"에 들어온 값을 대답 값으로 정하기

❷ 자료 블록 영역의 〈~을 묻고 대답 기다리기〉 : '바꿀 명언을 입력하세요.' 입력하기 ➡ 자료 블록 영역의 〈정직 관련 명언 리스트 ~번째 항목을 ~으로 바꾸기〉 : '정직 관련 명언' 리스트 선택 및 바꿀 번호 값에 해당하는 항목을 대답으로 입력된 값으로 바꾸기

'~묻고 대답 기다리기' 블록을 사용하면 〈대답〉이 자동으로 만들어집니다. 이 대답 값, 즉 추가된 명언은 ❷의 과정을 거쳐 기존에 있던 ~번째 항목에 있던 내용은 사라지고, 그 자리에 대신 들어가게 됩니다.

2. '명언 삭제' 글상자 오브젝트에 명령어 블록 쌓기

시작 블록 영역의 〈오브젝트를 클릭했을 때〉 ➡ 자료 블록 영역의 〈~을 묻고 대답 기다리기〉 : '몇 번째 명언 목록을 삭제할까요? (숫자만 입력)' 입력하기 ➡ 자료 블록 영역의 〈~번째 항목을 ~에서 삭제하기〉 : 대답으로 입력된 값을 리스트에서 삭제하기

'~묻고 대답 기다리기' 블록을 사용하면 〈대답〉이 자동으로 만들어집니다. 이 대답 값, 즉 삭제할 항목 번호 값은 위의 과정을 거쳐 '정직 관련 명언' 리스트 항목에서 삭제가 됩니다.

★ 문제 프로젝트 : https://goo.gl/sA8lMr
★ 답안 예시 프로젝트 : https://goo.gl/FzaUzd

(1) 명언 추가 2, 명언 변경 2, 명언 삭제 2에 각각 명령어를 조립하여 프로젝트를 완성해봅시다.

(2) 자신이 알고 있는 신뢰 관련 명언이나 정직 관련 명언을 새로 추가해봅시다.

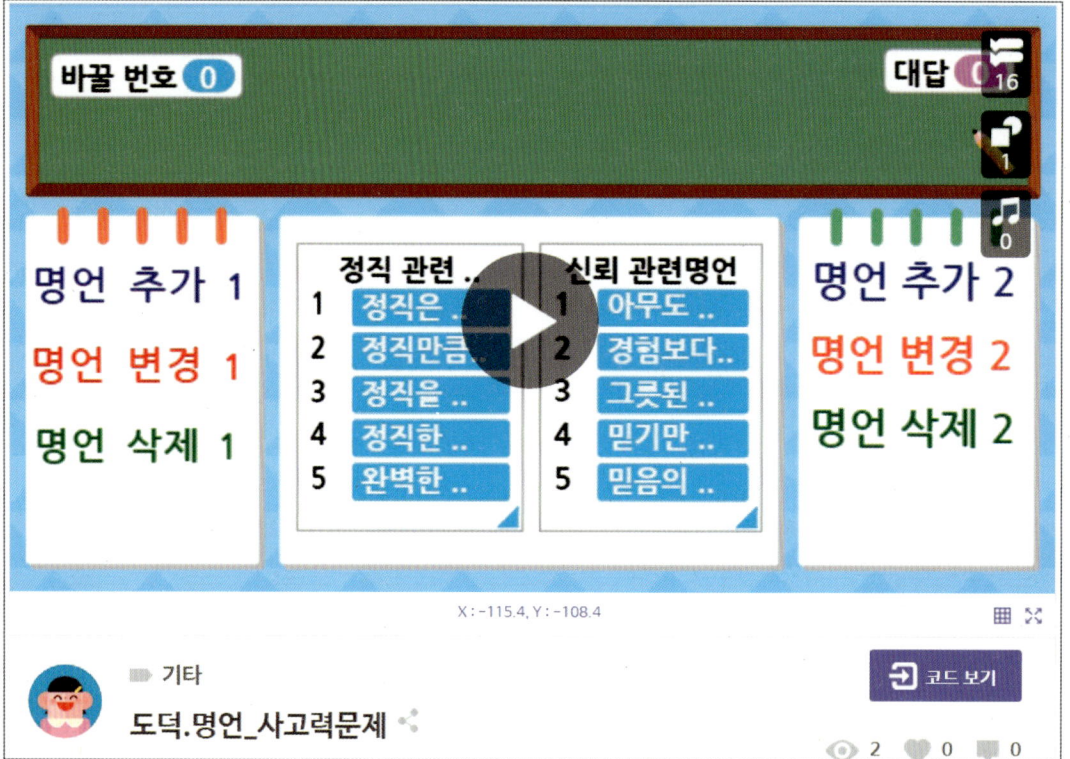

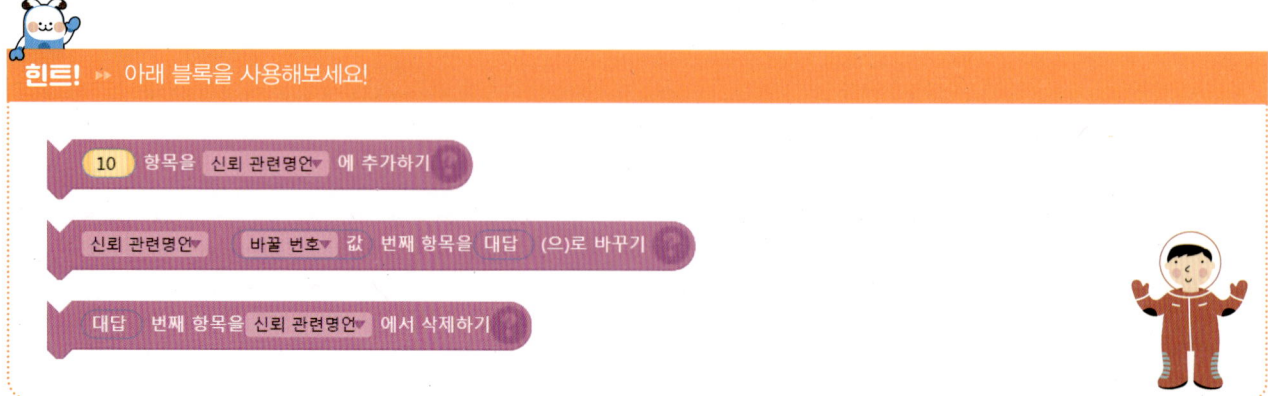

22장

[창제]
화재경보 시스템 만들기

소리 블록은 프로그램의 배경 음악을 넣거나 소리를 조절할 수 있는 명령어 블록입니다. 소리 블록을 사용해 화재경보 프로그램을 만들어봅니다.

★ **완성 프로젝트** : https://goo.gl/HAINV6
★ **프로젝트 확인** : 실행하기 버튼을 클릭해서 완성할 프로젝트를 확인해봅시다.

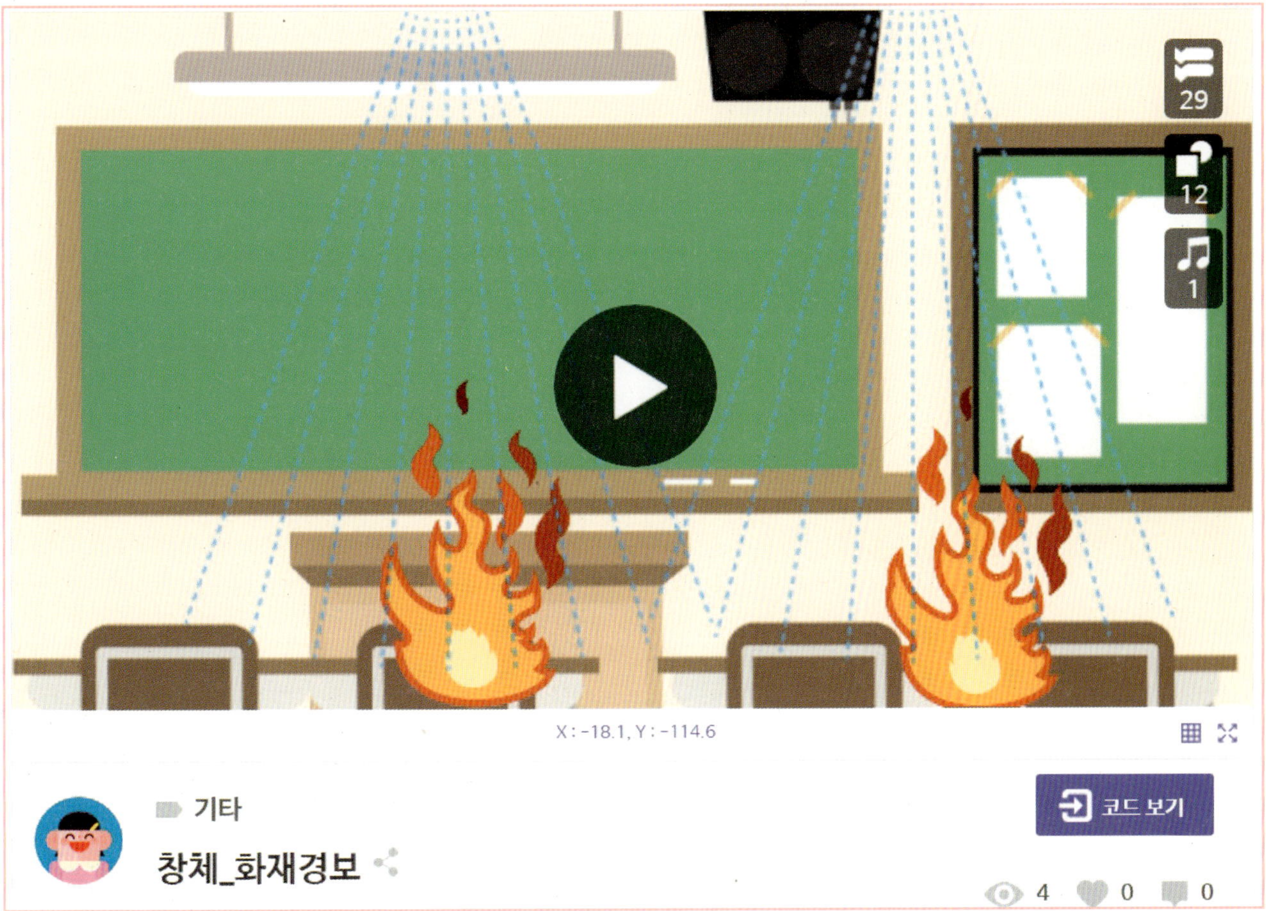

22장 | [창제] 화재경보 시스템 만들기

POINT 01 교과 내용 파악하기

1. **교과 연계** : 5~6학년 창의적 체험활동. 재난안전교육(화재)

2. **교과 핵심 내용** : 화재발생 시 대처요령과 올바른 소방시설 사용법을 알 수 있습니다.

   (1) 경고음이 울리는 즉시 안전한 대피로를 확보한다.

   (2) 연기가 찰 경우 몸의 자세를 최대한 낮추고 안전한 곳으로 대피한다.

   (3) 평소 화재예방을 위해 화재경보시스템이 제대로 작동하는지 수시로 점검한다.

3. **교과 핵심 확인 문제**

   화재가 발생했을 때 올바른 행동 요령을 모두 찾으시오. (   )

   ① 비상구와 비상계단을 이용하여 대피한다.
   ② 비상벨을 눌러 주변에 화재 사실을 알린다.
   ③ 몸의 자세와는 상관없이 최대한 빨리 대피한다.
   ④ 119에 즉시 신고한다.
   ⑤ 최대한 빨리 이동해야 하므로 엘리베이터를 타고 이동한다.

POINT 02 블록 이해하기

❶ `모든 소리 멈추기` : 현재 재생 중인 모든 소리를 멈춥니다.

❷ `소리 대상없음▼ 재생하기` : 해당 오브젝트가 선택한 소리를 재생하는 동시에 다음 블록을 실행합니다.

❸ `소리 대상없음▼ 1 초 재생하기` : 해당 오브젝트가 선택한 소리를 입력한 시간만큼만 재생하는 동시에 다음 블록을 실행합니다.

❹ `소리 대상없음▼ 1 초 부터 10 초까지 재생하기` : 해당 오브젝트가 선택한 소리를 입력한 시간 부분만을 재생하는 동시에 다음 블록을 실행합니다.

소리를 어떻게 추가하나요?

소리 탭에서 소리를 선택한 후 소리추가를 클릭합니다. 여러 가지 소리 중에서 필요한 소리를 선택한 뒤 적용하면 소리가 추가됩니다.

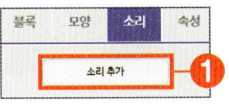
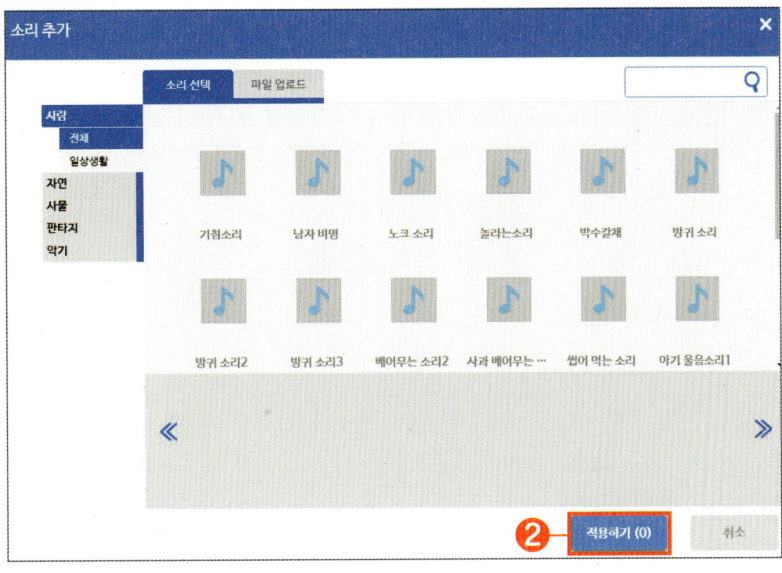

POINT 03 생각하기

1. 알고리즘 설계하기

화재경보 시스템	❶ 오브젝트 추가 및 자리배치하기 　• 추가할 오브젝트 : 교실, 물줄기, 불(2) 오브젝트 2개 ❷ 불이 나면 자동으로 화재경보시스템 작동하기 ❸ 불이 꺼지면 화재경보시스템 멈추기

2. 한눈에 보기

22장 | [창제] 화재경보 시스템 만들기 **175**

POINT 04 프로젝트 시작하기

1. 오브젝트 추가 및 자리배치하기

❶ 오브젝트 추가하기 : 교실, 물줄기, 불(2) 오브젝트 2개

❷ 오브젝트 자리배치하기 : 적절한 위치에 오브젝트 자리 잡기

 **TIP!**

불 오브젝트는 오브젝트 하나를 더 추가해서 각각 명령어를 조립해도 되고, 명령어 조립이 끝난 불 오브젝트를 복사하여 추가해도 됩니다.

2. 불(2) 오브젝트에 명령어 블록 쌓기

❶ 시작 블록 영역의 〈시작하기 버튼을 클릭했을 때〉 ➡ 생김새 블록의 〈모양 숨기기〉 블록 연결하기 ➡ 흐름 블록 영역의 〈~초 기다리기〉 : 2초 입력하기 ➡ 생김새 블록의 〈모양 보이기〉 블록 연결하기

❷ 속성 탭에서 "불 감지" 신호 만들기 ➡ 시작 블록 영역의 〈~신호 보내기〉 블록 연결하기 ➡ 흐름 블록 영역의 〈~초 기다리기〉 : 7초 입력하기 ➡ 생김새 블록 영역의 〈모양 숨기기〉 블록 연결하기

3. 불(2)1 오브젝트에 명령어 블록 쌓기

❶ 시작 블록 영역의 〈시작하기 버튼을 클릭했을 때〉 ➡ 생김새 블록 영역의 〈모양 숨기기〉 블록 연결하기 ➡ 흐름 블록 영역의 〈~초 기다리기〉: 2초 입력하기 ➡ 생김새 블록 영역의 〈모양 보이기〉 블록 연결하기

❷ 속성 탭에서 "불 감지" 신호 만들기 ➡ 시작 블록 영역의 〈~신호 보내기〉 블록 연결하기 ➡ 흐름 블록 영역의 〈~초 기다리기〉: 9초 입력하기 ➡ 생김새 블록 영역의 〈모양 숨기기〉 블록 연결하기 ➡ 속성 탭에서 "상황 종료" 신호 만들기 ➡ 시작 블록 영역의 〈~신호 보내기〉 블록 연결하기

 TIP!

앞의 불 오브젝트와 시간 간격으로 두고 사라지기 위해 시간 값을 다르게 합니다.

4. '물줄기' 글상자 오브젝트에 명령어 블록 쌓기

❶ 시작 블록 영역의 〈시작하기 버튼을 클릭했을 때〉 ➡ 생김새 블록 영역의 〈모양 숨기기〉 블록 연결하기

❷ 시작 블록 영역의 〈불감지 신호를 받았을 때〉 ➡ 흐름 블록 영역의 〈~초 기다리기〉 : 4초 입력하기 ➡ 생김새 블록 영역의 〈모양 보이기〉 블록 연결하기

❸ 시작 블록 영역의 〈불감지 신호를 받았을 때〉 ➡ 흐름 블록 영역의 〈계속 반복하기〉 블록 연결하기 ➡ 속성 탭에서 소리 추가하기 : "위험경고" ➡ 소리 블록 영역의 〈소리 ~재생하기〉 블록을 반복 블록 속에 넣기 : "위험경고" 소리 선택하기 ➡ 흐름 블록 영역의 〈~초 기다리기〉 : 1초 입력 후 소리 블록 아래 연결하기

❹ 시작 블록 영역의 〈상황 종료 신호를 받았을 때〉 ➡ 흐름 블록 영역의 〈~초 기다리기〉 : 2초 입력하기 ➡ 생김새 블록 영역의 〈모양 숨기기〉 블록 연결하기 ➡ 흐름 블록 영역의 〈모든 코드 멈추기〉 블록 연결하기

★ 문제 프로젝트 : https://goo.gl/AZcCgT
★ 답안 예시 프로젝트 : https://goo.gl/r6zAnw

(1) 화재경보시스템에서 울리는 위험경고 소리 외에 스프링클러에서 물이 쏟아지며 나는 소리를 추가해봅시다.

(2) 찾는 소리가 없다면 유사한 소리를 대신 추가하거나 직접 소리를 녹음하거나 소리 파일을 업로드해서 추가할 수도 있습니다.

속성 탭에서 소리 선택 – 소리 추가하기 – 파일 업로드 – 파일 추가
(mp3와 같은 소리파일만 추가 가능함)

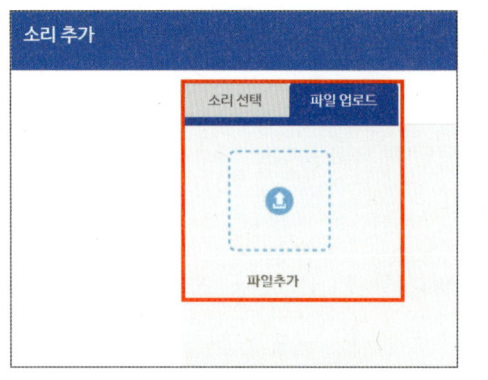

23장

[미술] 다양한 글씨와 만나기

글상자 오브젝트를 추가하면 모양 탭 대신 전에는 보이지 않던 글상자 탭과 글상자 블록 영역이 생겨납니다. 글상자 블록 영역의 〈~라고 글쓰기〉와 같은 명령어 블록을 사용하면 사람이 글을 직접 쓰는 것처럼 화면에 글씨를 쓸 수 있습니다. 글상자 탭에서 사용할 수 있는 명조체, 고딕체, 필기체를 비교하여 익힐 수 있도록 자동으로 글자를 써주는 프로그램을 만들어봅시다.

★ **완성 프로젝트 :** https://goo.gl/VGzNxR
☆ **프로젝트 확인 :** 실행하기 버튼을 클릭해서 완성할 프로젝트를 확인해봅시다.

POINT 01 교과 내용 파악하기

1. **교과 연계** : 6학년 12-2단원. 내가 만드는 우리 글씨

2. **교과 핵심 내용** : 생활 속에서 다양한 글씨체가 효과적으로 쓰이고 있음을 알 수 있습니다.
   (1) 글씨 알아보기
   (2) 다양한 글씨로 작품 만들기
   (3) 개성 있는 서체 만들기
   (4) 작품 감상하기

3. **교과 핵심 확인 문제**

   다양한 우리 글씨와 만나기 위해 알아야 할 용어를 정리한 내용입니다. 알맞게 연결하시오.

   서체 •   • 같은 모양과 크기의 글자꼴
   폰트 •   • 글씨를 써 놓은 모양이나 붓글씨에서 글씨를 쓰는 일정한 방식

POINT 02 블록 이해하기

❶ `엔트리 라고 글쓰기 가` : 글상자의 내용을 입력한 값으로 고쳐 사용합니다.

❷ `엔트리 라고 뒤에 이어쓰기 가` : 글상자의 내용 뒤에 입력한 값을 추가합니다.

❸ `엔트리 라고 앞에 추가하기 가` : 글상자의 내용 앞에 입력한 값을 추가합니다.

❹ `텍스트 모두 지우기 가` : 글상자에 저장된 값을 모두 지웁니다.

오브젝트의 크기나 위치를 쉽게 정하려면 어떻게 해야 하나요?

실행 창에서 직접 오브젝트를 편집하는 것보다 오브젝트 목록 창에서 수정을 원하는 오브젝트를 선택하고 연필 모양을 클릭하면 오브젝트의 이름, X좌표, Y좌표, 크기, 방향, 이동 방향, 회전방식 등을 쉽게 바꿀 수 있습니다.

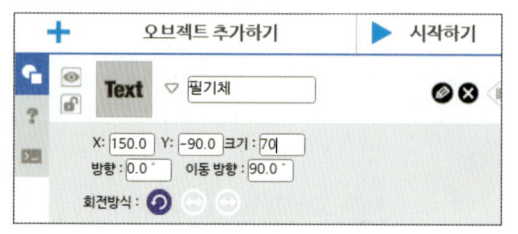

▲ 오브젝트 정보 수정하기

POINT 03 생각하기

1. 알고리즘 설계하기

다양한 글씨와 만나기

① 오브젝트 추가 및 자리배치하기
- **추가할 오브젝트** : 칠판(배경), 글상자 오브젝트 3개
- 오브젝트는 아래쪽에 일렬로 나란히 배열하기

② 프로그램이 시작되고 글상자 오브젝트를 클릭하면 칠판 위로 글상자 오브젝트가 이동하기

③ 글상자 오브젝트가 커지며 '아버지'라는 글자가 획순대로 쓰여지기

④ 글상자 오브젝트의 크기가 작아지고 원래의 자리로 돌아오기

2. 한눈에 보기

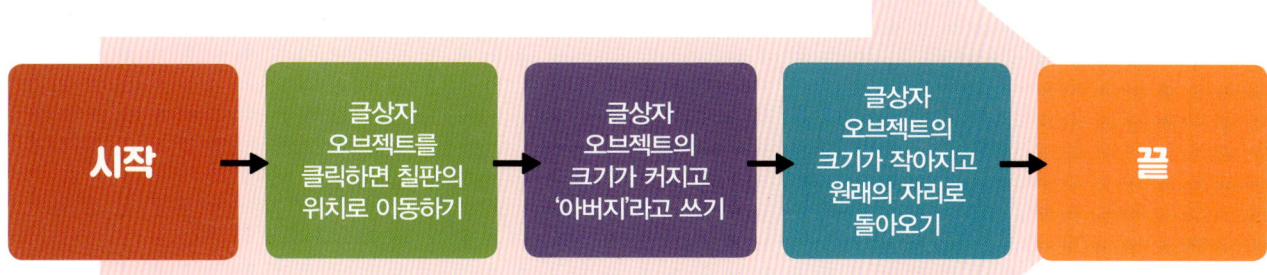

시작 → 글상자 오브젝트를 클릭하면 칠판의 위치로 이동하기 → 글상자 오브젝트의 크기가 커지고 '아버지'라고 쓰기 → 글상자 오브젝트의 크기가 작아지고 원래의 자리로 돌아오기 → 끝

POINT 04 프로젝트 시작하기

1. 오브젝트 추가 및 자리배치하기

🔴 오브젝트 추가 및 자리배치하기

① 추가할 오브젝트 : 칠판(배경), 글상자 오브젝트 3개

② 글상자 오브젝트 ('명조체 익히기', '고딕체 익히기', '필기체 익히기') 추가하기

　: 명조체 익히기 오브젝트 - 명조체, 가운데 정렬, 글자색 검정, 음영색 하늘색 선택

　: 고딕체 익히기 오브젝트 - 고딕체, 가운데 정렬, 글자색 검정, 음영색 연두색 선택

　: 필기체 익히기 오브젝트 - 필기체, 가운데 정렬, 글자색 검정, 음영색 분홍색 선택

③ 글상자 오브젝트는 아래쪽에 일렬로 나란히 배열하기

④ 장면 이름을 장면1에서 다양한 글씨와 만나기로 수정하기

⑤ 오브젝트 목록의 글상자 오브젝트 이름을 해당 글씨체로 바꾸기

> 서체의 모양만으로는 어떤 서체인지 구분이 되지 않으므로 오브젝트 추가 시 이름과 관련 있는 서체로 만듭니다.

2. '명조체' 글상자 오브젝트에 명령어 블록 쌓기

❶ 시작 블록 영역의 〈오브젝트를 클릭했을 때〉 ➡ 움직임 블록 영역의 〈~초 동안 X : ~, Y : ~위치로 이동하기〉 : 1초, X : 0, Y : 50을 입력하기 ➡ 생김새 블록 영역의 〈크기를 ~(으)로 정하기〉 : 150 입력하기

❷ 글상자 블록 영역의 〈~라고 글쓰기〉 : 'ㅇ' 입력하기 ➡ 흐름 블록 영역의 〈~초 기다리기〉 : 0.5초 입력하기 ➡ 글상자 블록 영역의 〈~라고 뒤에 이어쓰기〉 : 'ㅏ' 입력하기 ➡ 흐름 블록 영역의 〈~초 기다리기〉 : 0.5초 입력하기

❸ 글상자 블록 영역의 〈~라고 뒤에 이어쓰기〉 : 'ㅂ' 입력하기 ➡ 흐름 블록 영역의 〈~초 기다리기〉 : 0.5초 입력하기 ➡ 글상자 블록 영역의 〈~라고 뒤에 이어쓰기〉 : 'ㅓ' 입력하기 ➡ 흐름 블록 영역의 〈~초 기다리기〉 : 0.5초 입력하기

❹ 글상자 블록 영역의 〈~라고 뒤에 이어쓰기〉 : 'ㅈ' 입력하기 ➡ 흐름 블록 영역의 〈~초 기다리기〉 : 0.5초 입력하기 ➡ 글상자 블록 영역의 〈~라고 뒤에 이어쓰기〉 : 'ㅣ' 입력하기 ➡ 흐름 블록 영역의 〈~초 기다리기〉 : 2초 입력하기

❺ 생김새 블록 영역의 〈크기를 ~(으)로 정하기〉 : 70 입력하기 ➡ 움직임 블록 영역의 〈~초 동안 X : ~, Y : ~위치로 이동하기〉 : 1초, X : -150, Y : -90을 입력하기

3. '고딕체' 글상자 오브젝트에 명령어 블록 쌓기

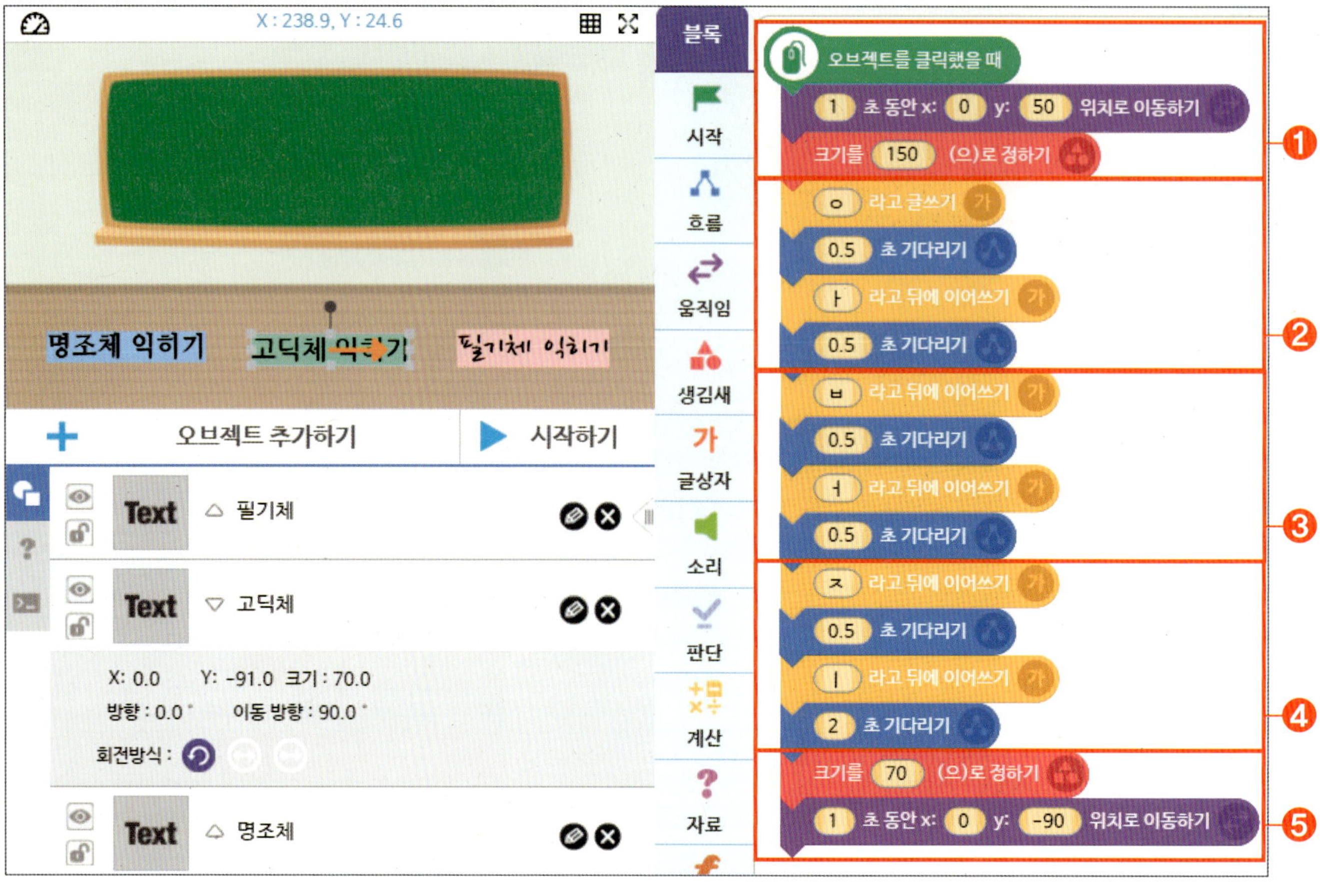

❶ 시작 블록 영역의 〈오브젝트를 클릭했을 때〉 ➡ 움직임 블록 영역의 〈~초 동안 X : ~, Y : ~위치로 이동하기〉 : 1초, X : 0, Y : 50을 입력하기 ➡ 생김새 블록 영역의 〈크기를 ~(으)로 정하기〉 : 150 입력하기

❷ 글상자 블록 영역의 〈~라고 글쓰기〉 : 'ㅇ' 입력하기 ➡ 흐름 블록 영역의 〈~초 기다리기〉 : 0.5초 입력하기 ➡ 글상자 블록 영역의 〈~라고 뒤에 이어쓰기〉 : 'ㅏ' 입력하기 ➡ 흐름 블록 영역의 〈~초 기다리기〉 : 0.5초 입력하기

❸ 글상자 블록 영역의 〈~라고 뒤에 이어쓰기〉 : 'ㅂ' 입력하기 ➡ 흐름 블록 영역의 〈~초 기다리기〉 : 0.5초 입력하기 ➡ 글상자 블록 영역의 〈~라고 뒤에 이어쓰기〉 : 'ㅓ' 입력하기 ➡ 흐름 블록 영역의 〈~초 기다리기〉 : 0.5초 입력하기

❹ 글상자 블록 영역의 〈~라고 뒤에 이어쓰기〉 : 'ㅈ' 입력하기 ➡ 흐름 블록 영역의 〈~초 기다리기〉 : 0.5초 입력하기 ➡ 글상자 블록 영역의 〈~라고 뒤에 이어쓰기〉 : 'l' 입력하기 ➡ 흐름 블록 영역의 〈~초 기다리기〉 : 2초 입력하기

❺ 생김새 블록 영역의 〈크기를 ~(으)로 정하기〉 : 70 입력하기 ➡ 움직임 블록 영역의 〈~초 동안 X : ~, Y : ~위치로 이동하기〉 : 1초, X : 0, Y : -90을 입력하기

188 학교 수업이 즐거워지는 엔트리 코딩

4. '필기체' 글상자 오브젝트에 명령어 블록 쌓기

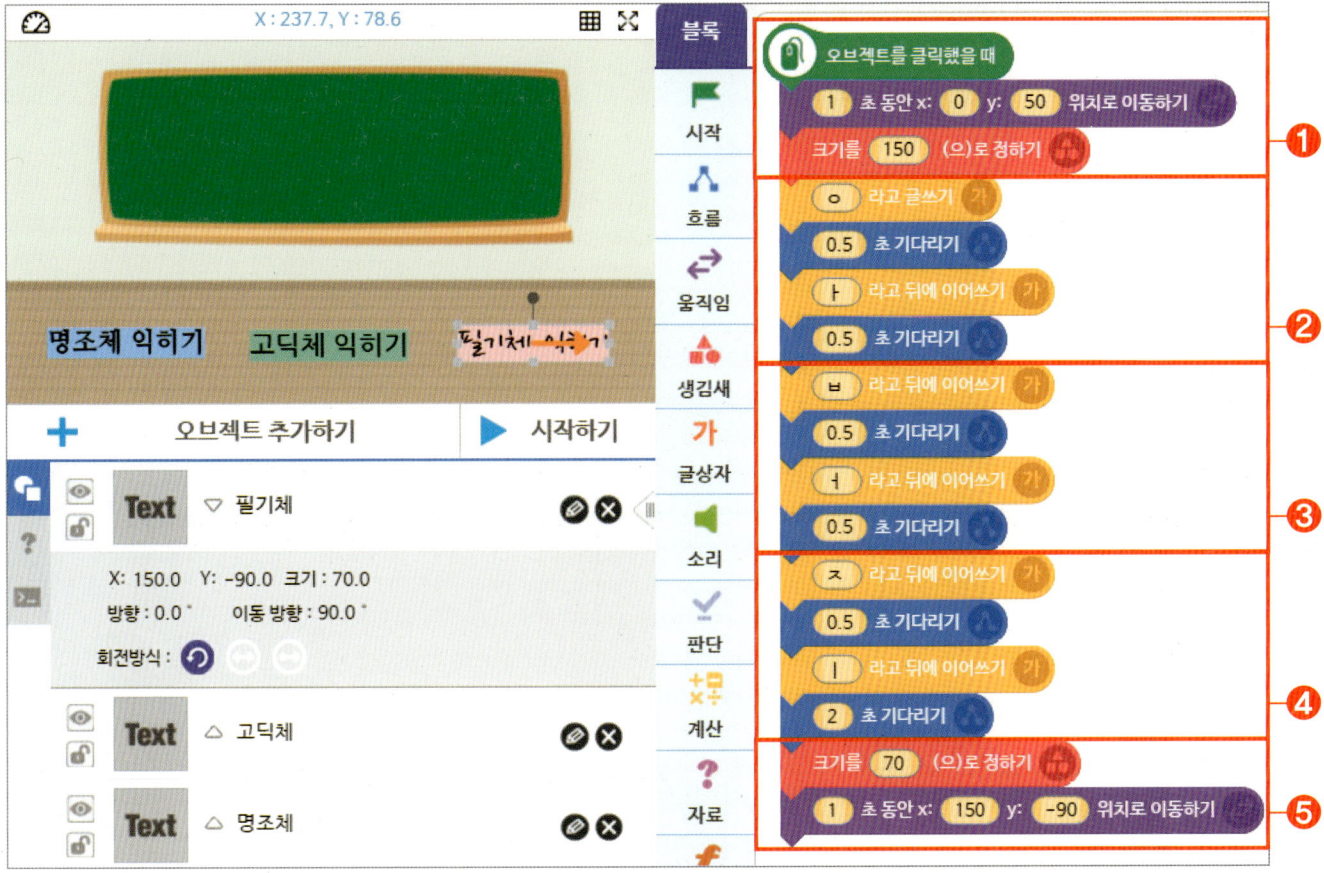

❶ 시작 블록 영역의 〈오브젝트를 클릭했을 때〉 ➡ 움직임 블록 영역의 〈~초 동안 X : ~, Y : ~위치로 이동하기〉 : 1초, X : 0, Y : 50을 입력하기 ➡ 생김새 블록 영역의 〈크기를 ~(으)로 정하기〉 : 150 입력하기

❷ 글상자 블록 영역의 〈~라고 글쓰기〉 : 'ㅇ' 입력하기 ➡ 흐름 블록 영역의 〈~초 기다리기〉 : 0.5초 입력하기 ➡ 글상자 블록 영역의 〈~라고 뒤에 이어쓰기〉 : 'ㅏ' 입력하기 ➡ 흐름 블록 영역의 〈~초 기다리기〉 : 0.5초 입력하기

❸ 글상자 블록 영역의 〈~라고 뒤에 이어쓰기〉 : 'ㅂ' 입력하기 ➡ 흐름 블록 영역의 〈~초 기다리기〉 : 0.5초 입력하기 ➡ 글상자 블록 영역의 〈~라고 뒤에 이어쓰기〉 : 'ㅓ' 입력하기 ➡ 흐름 블록 영역의 〈~초 기다리기〉 : 0.5초 입력하기

❹ 글상자 블록 영역의 〈~라고 뒤에 이어쓰기〉 : 'ㅈ' 입력하기 ➡ 흐름 블록 영역의 〈~초 기다리기〉 : 0.5초 입력하기 ➡ 글상자 블록 영역의 〈~라고 뒤에 이어쓰기〉 : 'ㅣ' 입력하기 ➡ 흐름 블록 영역의 〈~초 기다리기〉 : 2초 입력하기

❺ 생김새 블록 영역의 〈크기를 ~(으)로 정하기〉 : 70 입력하기 ➡ 움직임 블록 영역의 〈~초 동안 X : ~, Y : ~위치로 이동하기〉 : 1초, X : 150, Y : −90을 입력하기

★ 문제 프로젝트 : https://goo.gl/pNLOUQ
★ 답안 예시 프로젝트 : https://goo.gl/sZeiGw

(1) 글상자 오브젝트를 추가해야 글상자 블록 영역이 나타나는 것을 이해했나요? 주어진 단어의 앞, 뒤에 꾸며주는 말을 넣으면 문장이 완성되는 프로그램을 만들고자 합니다. 답안 예시 프로젝트를 살펴보고 프로그램을 완성해봅시다.

24장

[음악] 실로폰 만들어 연주하기

악기는 저마다의 음색을 가지고 아름다운 소리를 냅니다. 엔트리 소리 블록은 프로그램에 음악을 넣거나 원하는 소리, 악기의 음을 포함하고 조절할 수 있는 명령어 블록입니다. 소리 블록을 사용해 실로폰을 만들어 여러 가지 음악을 연주해 보고 함수 블록을 이용하여 간단한 음계(도레미파솔라시도)도 확인할 수 있도록 프로젝트를 만들어봅시다.

★ 완성 프로젝트 : https://goo.gl/wFBbxx
★ 프로젝트 확인 : 실행하기 버튼을 클릭해서 완성할 프로젝트를 확인해봅시다.

24장 | [음악] 실로폰 만들어 연주하기 **191**

POINT 01 교과 내용 파악하기

1. **교과 연계** : 5~6학년 음악(동아). 무지개 넘어(OVER THE RAINBOW)

2. **교과 핵심 내용** : 실로폰으로 다장조의 화음 반주를 할 수 있습니다.

    (1) 흐름에 유의하여 노래 부르기
    (2) 실로폰으로 다장조의 화음 반주하기
    (3) 좋아하는 곡을 찾아 외워 연주하기

3. **교과 핵심 확인하기**

   무지개 너머(Over the Rainbow) 피아노 연주곡 감상하기 : https://goo.gl/1K8dsC

POINT 02 블록 이해하기

① `음계 확인` : 자주 쓰거나 원하는 블록들을 조립하여 하나의 함수 명령어 블록으로 만듭니다.

② `소리 마림바_가온도 0.5 초 재생하기` : 해당 오브젝트가 선택한 소리를 재생하는 동시에 다음 블록을 실행합니다.

③ `소리 마림바_가온도 0.5 초 재생하고 기다리기` : 해당 오브젝트가 선택한 소리를 입력한 시간만큼만 재생하고 다음 블록을 실행합니다.

④ `모든 코드 멈추기` : 현재 실행 중인 모든 오브젝트의 모든 코드가 멈춥니다.

TIP!

`소리 마림바_가온도 0.5 초 재생하기` 와 `소리 마림바_가온도 0.5 초 재생하고 기다리기` 두 블록의 차이점은?

소리 블록 영역의 두 블록은 혼자서 쓰일 때에는 차이점을 구분할 수 없습니다. 여러 개의 블록을 연결하여 사용할 때 그 차이점을 알 수 있는데 먼저 `소리 마림바_가온도 0.5 초 재생하기` 블록은 여러 블록으로 연결하여도 0.5초 동안 같은 소리가 한 번에 나게 됩니다. 화음처럼 말입니다.

하지만 `소리 마림바_가온도 0.5 초 재생하고 기다리기` 블록은 여러 블록으로 연결하면 연주처럼 앞 명령어 블록의 소리가 정해진 시간만큼 연주되고 난 뒤 다음 블록의 소리가 이어서 순서대로 재생되기 때문에 차이가 있습니다.

`소리 마림바_가온도 0.5 초 재생하고 기다리기` = `소리 마림바_가온도 재생하기` + `0.5 초 기다리기`

▲ 소리 ~, ~초 재생하고 기다리기 블록의 이해

POINT 03 생각하기

1. 알고리즘 설계하기

> 실로폰 만들어 연주하기
>
> ① 오브젝트 추가 및 자리배치하기
>   • 추가할 오브젝트 : 실로폰, 글상자 오브젝트 8개
> ② 음계 확인 오브젝트를 클릭해서 실로폰의 음계 확인하기
> ③ 각각의 글상자 오브젝트를 클릭해서 소리 내보기(연주곡 연습하기)

2. 한눈에 보기

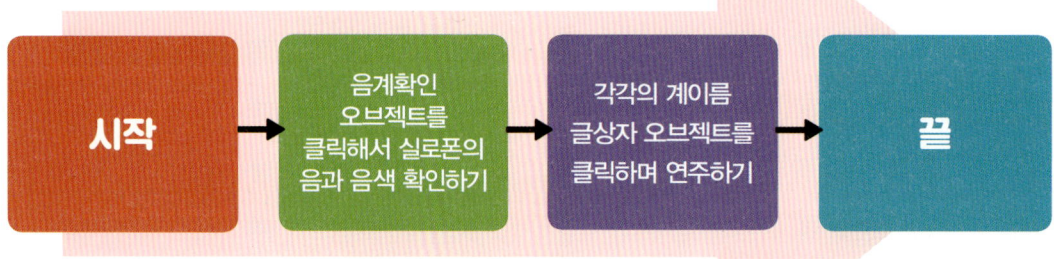

시작 → 음계확인 오브젝트를 클릭해서 실로폰의 음과 음색 확인하기 → 각각의 계이름 글상자 오브젝트를 클릭하며 연주하기 → 끝

POINT 04 프로젝트 시작하기

1. 오브젝트 추가 및 자리배치하기

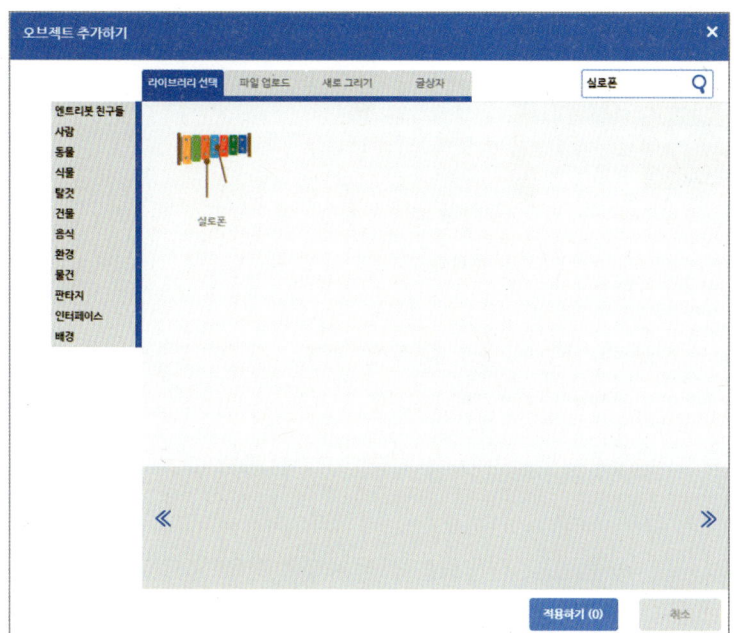

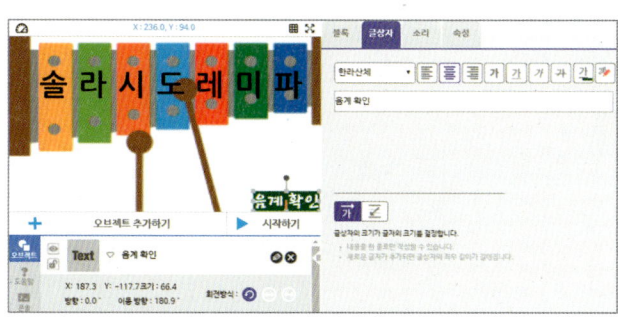

▲ 음계 확인 글상자 오브젝트 추가하기

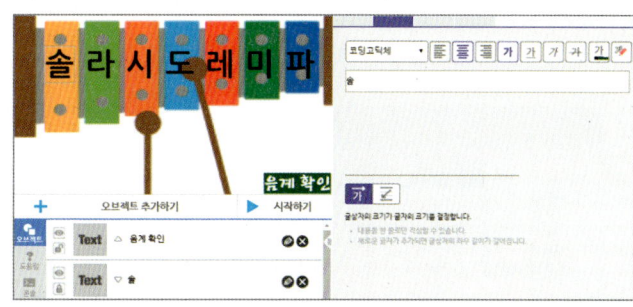

▲ 계이름 글상자 오브젝트 추가하기

❶ 오브젝트 추가 및 자리배치하기

  ① 추가할 오브젝트 : 실로폰, 글상자 오브젝트 8개

  ② 글상자 오브젝트 추가하기

   : '솔'~'파' 오브젝트 – 코딩고딕체, 가운데 정렬, 글자색 검정, 음영색 없음 선택

   : '음계 확인' 오브젝트 – 한라산체, 가운데 정렬, 글자색 흰색, 음영색 초록 선택

❷ 오브젝트 자리배치하기 : 적절한 위치에 오브젝트 자리 잡기

> 솔~파까지 글상자 오브젝트는 하나의 오브젝트는 하나의 오브젝트를 먼저 만들고 복제하여 이름을 바꿔주면 더 쉽게 만들 수 있습니다. 또한 음계 확인 글상자 오브젝트는 솔~파까지의 실로폰 음을 확인하기 위한 용도입니다.

2. '솔' ~ '파' 글상자 오브젝트에 명령어 블록 쌓기

❶ 시작 블록 영역의 〈오브젝트를 클릭했을 때〉 ➡ 소리를 추가한 후 소리 블록 영역의 〈소리 ~ 재생하기〉 : 마림바_낮은 솔 선택하기

❷ '라'~'파' 글상자 오브젝트는 '솔' 글상자 오브젝트의 명령어 블록을 (커서를 제일 위쪽 블록에 놓고) 오른쪽 마우스를 클릭해 복사한 뒤 각각 오브젝트마다 붙여넣기를 합니다. 그리고 〈소리 마림바_낮은 솔 재생하기〉 블록의 삼각형을 클릭해 '낮은 라', '낮은 시', '가온 도', '레', '미', '파'를 각각 선택하는 과정을 6번 반복합니다.

TIP!

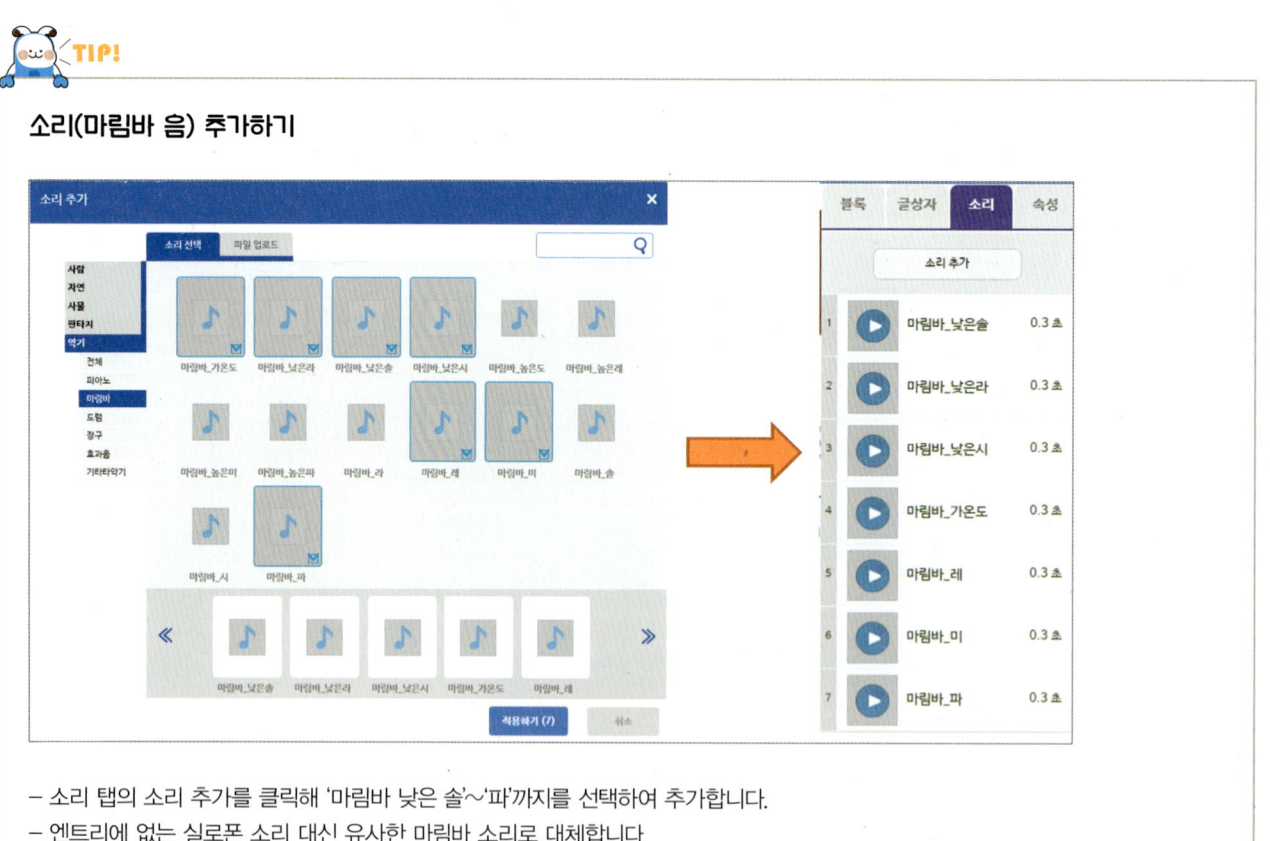

- 소리 탭의 소리 추가를 클릭해 '마림바 낮은 솔'~'파'까지를 선택하여 추가합니다.
- 엔트리에 없는 실로폰 소리 대신 유사한 마림바 소리로 대체합니다.

3. '음계 확인' 글상자 오브젝트에 명령어 블록 쌓기

시작 블록 영역의 〈오브젝트를 클릭했을 때〉 ➡ 함수 블록 영역의 〈음계 확인〉 블록 연결하기

TIP!

음계 확인 함수 블록 만들기

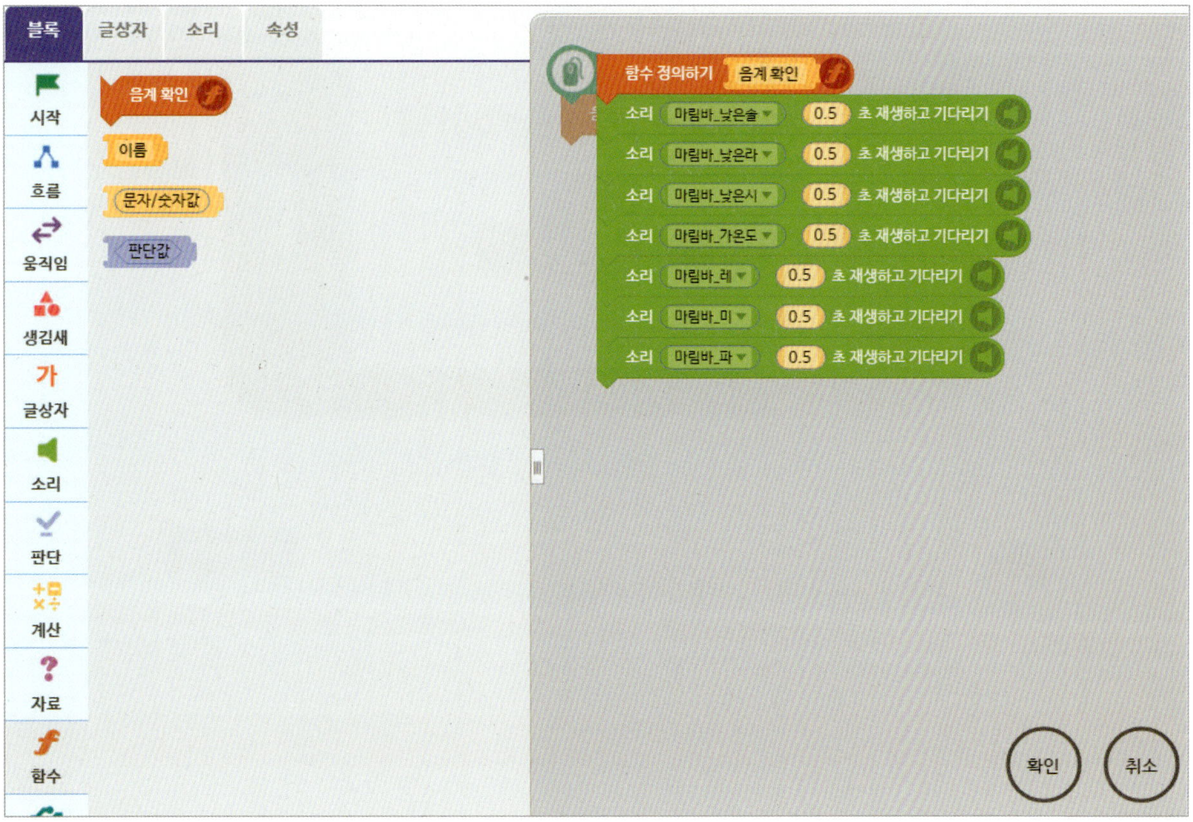

: 함수 블록 영역의 함수 만들기 ➡ 함수 정의하기의 이름 칸에 '음계 확인' 입력하기 ➡ 소리 블록 영역의 〈소리 ~, ~초 재생하고 기다리기〉 7개 추가하기 : 앞 칸에는 마림바_낮은 솔~파까지 차례로 입력하고 모두 0.5초 입력하기

★ 문제 프로젝트 : https://goo.gl/KUV3RW
★ 답안 예시 프로젝트 : https://goo.gl/gBF3zP

(1) 소리 명령어 블록에 대해서 잘 알아보았습니까? 답안 예시 프로젝트는 아래와 같이 함수 명령어 블록을 이용하여 동요 '학교종'을 연주한 프로그램입니다. 소리 명령어 블록과 함수 명령어 블록을 이용하여 프로그램을 완성해봅시다.

〈명령어 블록 쌓기 내용〉

 힌트! ▶▶ 동요 '학교종'의 계이름은 아래와 같습니다.

솔솔라라 솔솔미 솔솔미미레
솔솔라라 솔솔미 솔미레미도

학교 수업이 즐거워지는
엔트리 코딩

1판 1쇄 발행 2017년 07월 05일

저　자 | 홍지연, 안진석
발행인 | 김길수
발행처 | 영진닷컴
주　소 | (우)08505 서울시 금천구 가산디지털2로 123
　　　　　월드메르디앙 벤처센터 2차 10층 1016호
등　록 | 2007. 4. 27. 제16-4189호

ⓒ2017. (주)영진닷컴
ISBN | 978-89-314-5628-8

이 책에 실린 내용의 무단 전재 및 무단 복제를 금합니다.

http://www.youngjin.com

YoungJin.com Y.
영진닷컴

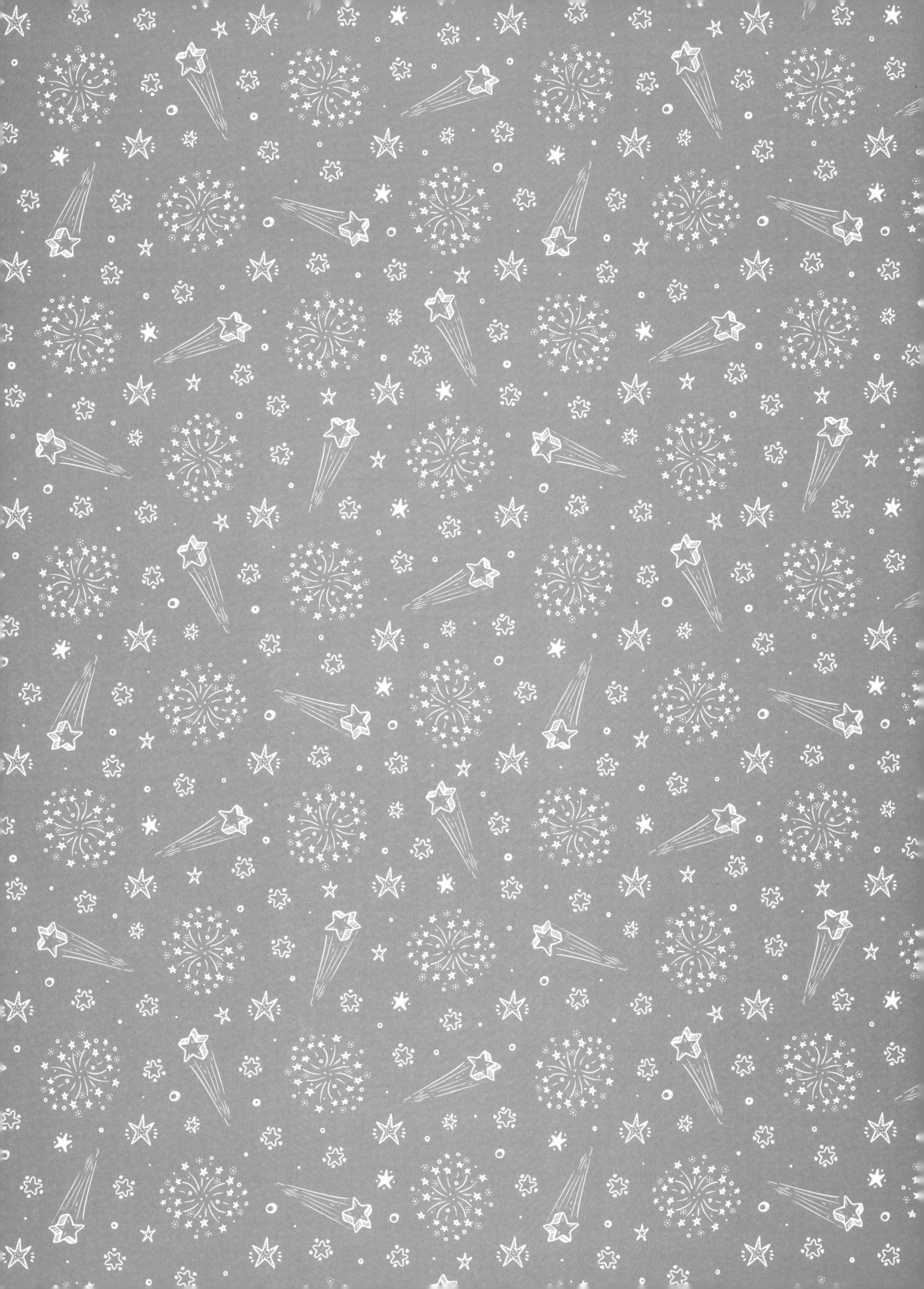

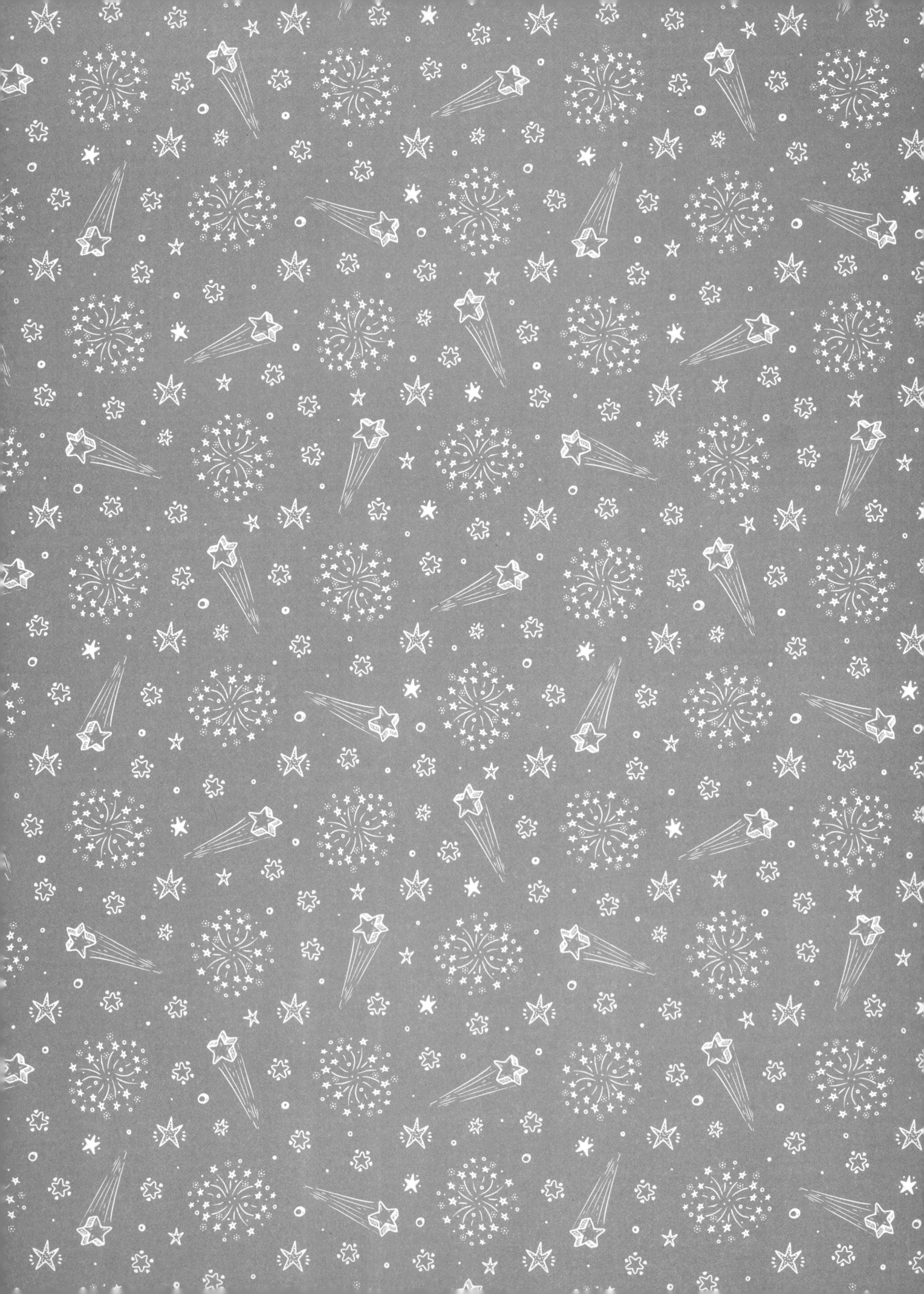

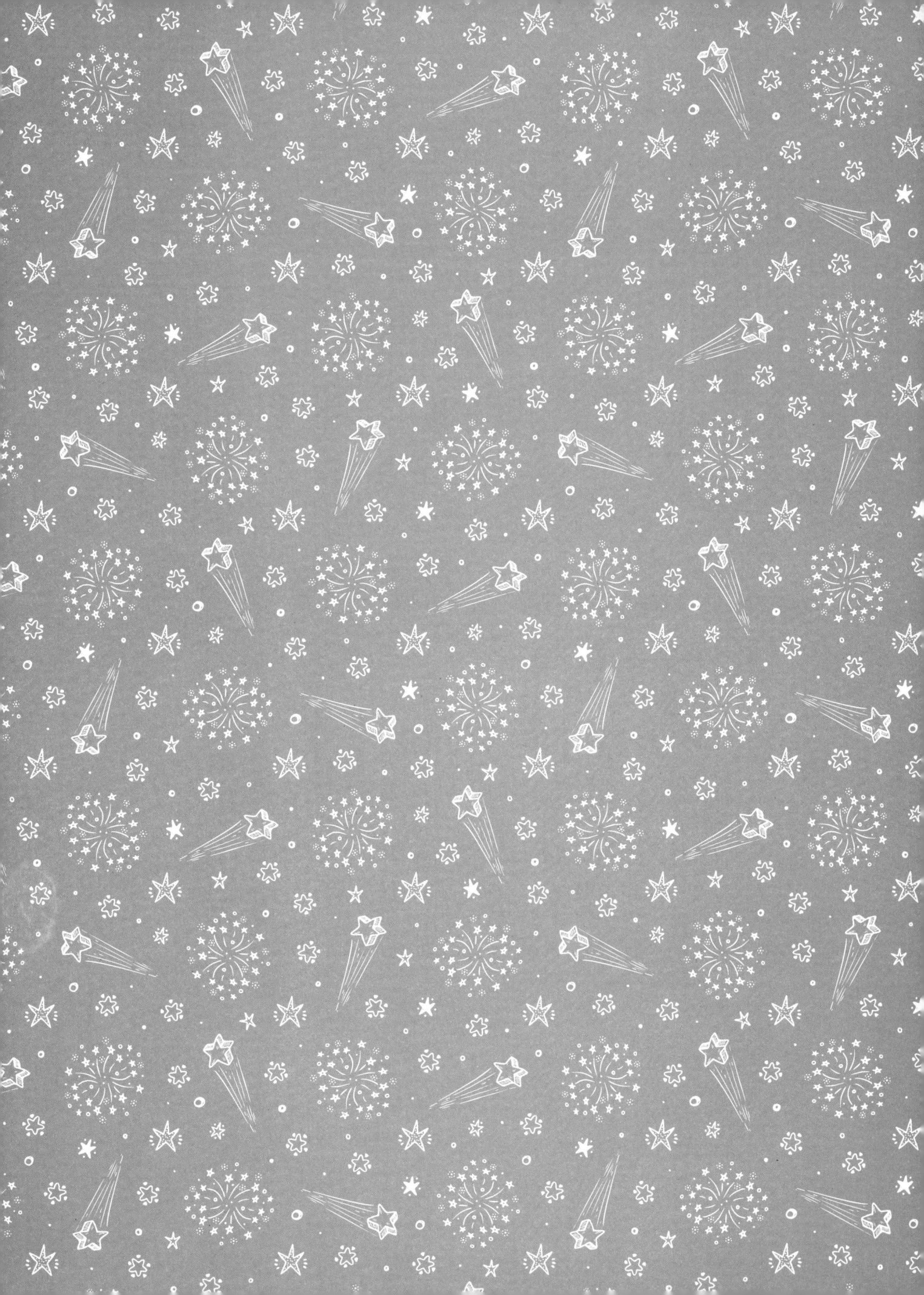

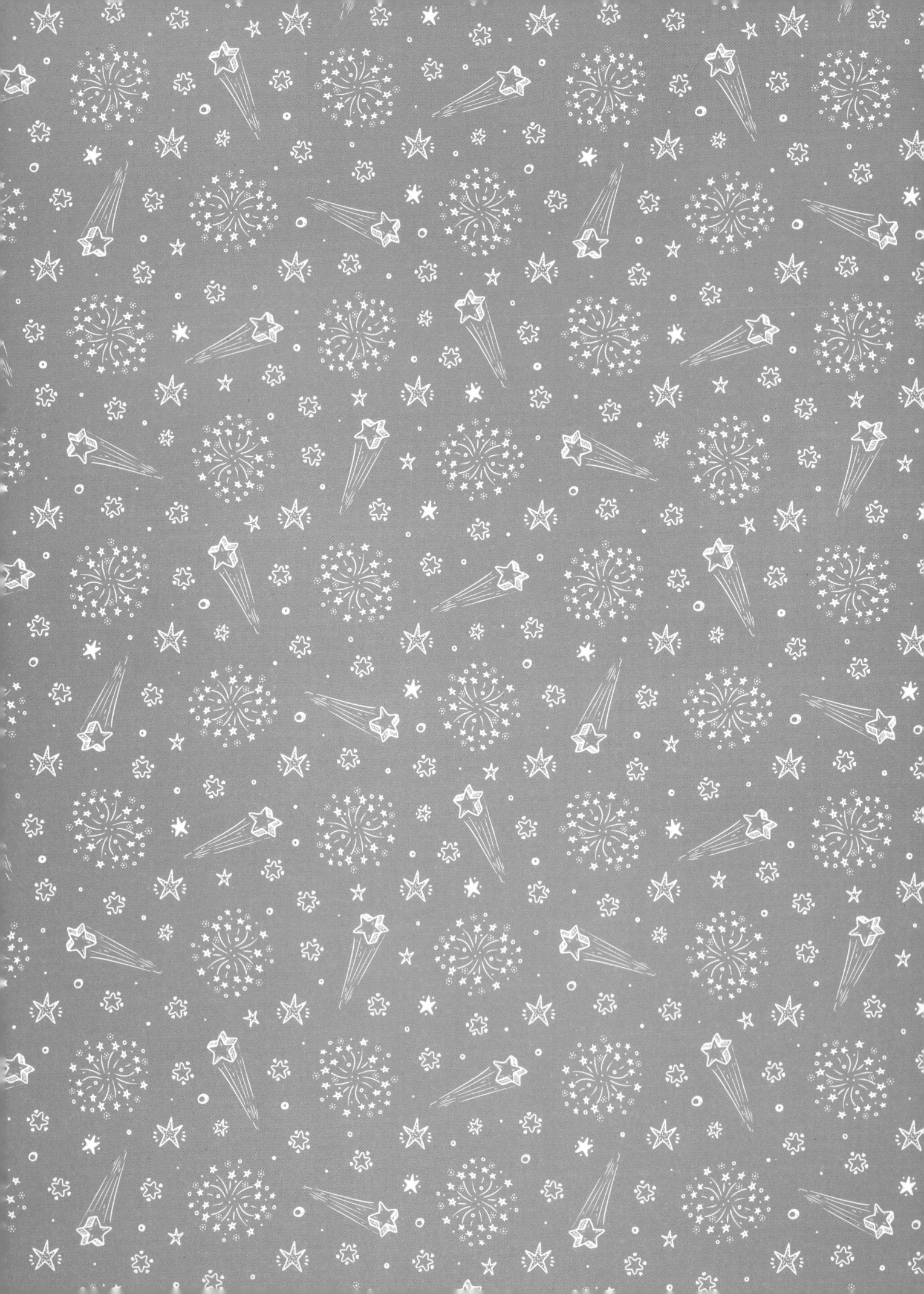